베니스의 상인

세계교양전집 50

베니스의 상인

윌리엄 셰익스피어 지음

최유경 옮김

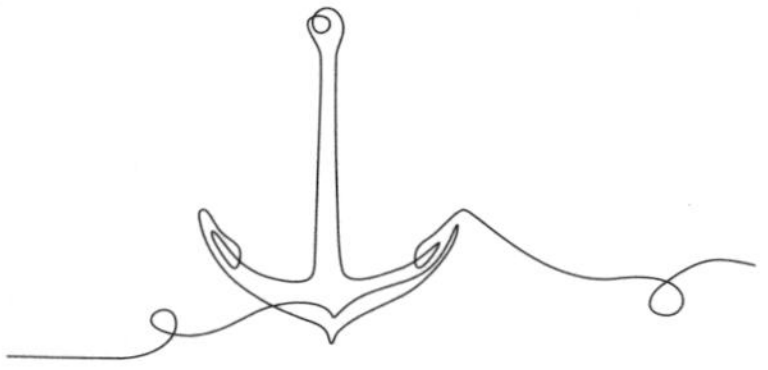

올리버

윌리엄 셰익스피어William Shakespeare

• 차례 •

베니스의 공작

모로코 왕자 포셔의 구혼자

아라곤 왕자 포셔의 구혼자

안토니오 베니스의 상인

바사니오 안토니오의 친구이자 포셔의 구혼자

그라티아노 안토니오와 바사니오의 친구

솔레이니오 안토니오와 바사니오의 친구

살라리노 안토니오와 바사니오의 친구

로렌초 제시카와 사랑에 빠지는 청년

샤일록 부유한 유대인

투발 유대인, 샤일록의 친구

란슬롯 고보 광대, 샤일록의 하인

노인 고보 란슬롯의 아버지

레오나르도 바사니오의 하인

발타자르 포셔의 하인

스테파노 포셔의 하인

살레리오 베니스에서 온 전령

포셔 부유한 상속녀

네리사 포셔의 시녀

제시카 샤일록의 딸

베니스의 귀족들, 법정 관리들, 간수, 하인들 및 기타 시종들

장면 일부는 베니스에서, 일부는 본토의 벨몬트에 있는 포셔의 영지에서

1막

1장

베니스. 거리.

안토니오, 살라리노, 솔레이니오 등장.

안토니오 참으로, 나는 모르겠네, 내가 왜 이리 슬픈지를.

　이 슬픔이 나를 괴롭히고, 자네도 괴롭힌다고 자네는 말하지만,

　내가 어쩌다 이것에 빠졌는지 어디서 이걸 만난 것인지

　어떻게 이게 내 것이 된 것인지

　무엇으로 이루어졌는지 또 어디서 생겨난 것인지,

　도통 알 수가 없네.

　이 어리석은 슬픔이 나를,

　나 자신도 이해하기 어렵게 만들어 버렸네.

살라리노 자네의 마음은 바다 위에서 요동치네.

　그 바다 위에는 팽팽한 돛을 단 자네의 커다란 상선들이

　마치 그곳의 영주나 시민들,

　혹은 그곳에서 벌어지는 가장행렬 같네.

그 상선들은 돛을 펴고 나아가며
곁에서 그 배에 절하며 경의를 표하는
하찮은 장사치 배들을 굽어보지.

솔레이니오 맞네. 내 말을 들어 봐.
만약 내가 그렇듯 대단한 모험을 한다면,
내 마음은 온통 외국으로 가는 내 상선들에 대한
기대에 쏠려 있을 거야. 나 또한 풀을 뽑아 바람의 방향을 가늠하고,
지도를 들여다보며 항구와 부두, 항로를 살피겠지.
그러니 모든 것이 두렵지 않겠나.
나의 모험에 혹시 불운이라도 드리울까 봐서 말이야.
틀림없이, 자네는 그래서 슬픈 것이네.

살라리노 내 수프를 식혀 주는 바람이지만,
그것이 바다에서 나의 배에 피해를 줄지 모른다고 생각하면
나는 오한이 나겠지.
모래시계에서 모래가 흘러내리는 것만 봐도
얕은 바다와 모래톱이 생각날 걸세.
나의 값진 배인 앤드루 호가 모래에 좌초되어
높은 돛대가 배 옆구리보다 낮은 곳에 처박혀
제 묘지에 입 맞추듯 가라앉는 생각 말이야.
또 교회에 가면 돌로 된 건물들이 보일 것이고

그것은 바다의 암초를 생각나게 하지 않겠나.

암초가 내 소중한 배의 옆구리를 살짝 스치기만 해도

향신료는 모두 바다에 쏟아지고

함께 쏟아진 비단은 맹렬한 바다 물결을 감싸겠지.

말하자면 종전까지는 커다란 가치를 지닌 배가 이제

아무 가치가 없게 되는 것이 아니겠나.

이런 생각을 해야 하는데 슬프지 않기는 어렵겠지.

말할 필요도 없네, 안토니오.

자네의 상품들을 생각하니 슬픈 것이네.

안토니오 아니네, 믿어 주게. 그것에 관해서라면 나는 운이 좋아.

내 사업은 상선 한 척에만 의존하지 않네.

어느 한 지역에만 기대지도 않고 말이야.

또 내 전 재산이 올 한 해의 운에 결정되는 것도 아니라네.

그러니 내 상품들 생각에 내가 슬픈 것은 아니라네.

살라리노 그렇다면 사랑에라도 빠진 건가?

안토니오 에잇, 말도 안 되는 소리.

살라리노 사랑에 빠진 것도 아니라고? 그러면 즐겁지 않아서

슬픈 거라 치세. 슬프지 않아서 즐겁게 웃고 뛰는 거라고

말하는 것만큼이나 쉬운 결론이지.
머리 둘 달린 야누스에게 맹세컨대,
자연은 세상에 이상한 이들을 만들어 내지.
어떤 이들은 항상 실눈을 뜨고
백파이프 연주자만 봐도 앵무새처럼 웃는가 하면
또 어떤 이들은 시큼한 식초 얼굴을 하고서는
네스토르*가 그 농담이 웃긴 거라고 장담을 해도
미소 한 번 보이질 않으니까.

바사니오, 로렌초, 그라티아노 등장.

솔레이니오 자네의 가장 고귀한 친구, 바사니오가 오는군.
그라티아노와 로렌초도 오고. 그만 가야겠네.
더 좋은 친구들과 놀게, 우리는 떠나겠네.

살라리노 저 좋은 친구들만 아니었다면
자네가 즐거워할 때까지 같이 있으려 했는데.

안토니오 자네들은 내게 매우 소중하다네.
볼일이 있어서 가는 것이지 않나.

* 그리스 신화에 나오는 영웅으로 지혜롭고 현명한 인물.

떠날 기회가 딱 온 거지.

살라리노 훌륭한 친구들, 좋은 아침이네.

바사니오 잘 있었나, 신사분들. 우린 언제 함께 웃을까? 언제?
　너무 서먹해졌어. 꼭 그래야 하나?

살라리노 나중에 함께 놀 시간을 내 보겠네.

[살라리노, 솔레이니오 퇴장]

로렌초 친애하는 바사니오, 안토니오를 찾았으니
　우리 둘도 이만 가겠네. 그렇지만 저녁에
　우리가 어디서 만나는지 꼭 기억해야 하네.

바사니오 그럼, 기억하고말고.

그라티아노 친애하는 안토니오, 자네 안색이 좋지 않군.
　자네는 세상일에 너무 마음을 쓰네.
　세상일에 지나치게 신경 쓰면 일이 더 잘 안 풀리지.
　자네가 얼마나 변했는지 보게나.

안토니오 나는 세상을 그저 세상으로 여길 뿐이네, 그라티아노.

각자가 맡은 역할을 하는 무대 같은 곳이지.

그리고 내 역할은 슬픈 역할이고.

그라티아노 그럼 나는 어릿광대 역할을 하겠네.

즐겁게 웃으려네. 주름이야 생길 테면 생기라지

괴로운 신음으로 심장을 차갑게 두느니

차라리 포도주로 내 간을 달아오르게 하겠네.

왜 아직 따뜻한 피가 도는 사람이

할아버지 조각상처럼 앉아 있나?

깨어 있는데도 자는 사람 같고, 짜증 부리다가

황달이나 걸리고? 안토니오, 내 말 좀 들어 보게.

(자네를 사랑해서 하는 말이네.)

웅덩이처럼 얼굴에 두꺼운 막이 낀 사람들이 있네.

일부러 말도 하지 않고 고요히 있으면서

지혜롭고, 근엄하고, 심오한 인간으로 보이려 하지.

마치 이렇게 말하는 것 같아.

"나는 신탁을 전하는 도사니라. 내가 입을 열 땐

어떤 개도 짖지 마라."

오, 안토니오, 내가 이런 사람들을 잘 아네.

말을 하지 않기 때문에 현자라고

여겨지는 사람들 말이야. 하지만 확신컨대

막상 그들이 입을 열면,

듣는 사람은 차라리 귀를 저주하고 싶을 거야.

그 말을 듣는 순간, 자기 자신이 바보처럼 느껴질 테니까.

이 얘기는 다음에 또 해 주겠네.

하지만 그 우울하고 말 없는 표정으로

바보 물고기들의 평가를 낚으려 하지 말게.

자, 로렌초, 가세. 잠시 작별하세.

내 얘기는 식사 후 마저 하겠네.

로렌초 그럼 우리는 저녁 먹을 때까지 물러가 있겠네.

나도 말을 하지 않는 지혜로운 자들 중 하나가 되어야겠어.

그라티아노가 나한테는 말할 틈을 안 주거든.

그라티아노 나와 2년만 더 지내 보라구.

자네는 자신의 목소리도 못 알아들을 걸세.

안토니오 잘들 가게나. 그라티아노 덕분에 나도 말을 좀 더 하게 될지

모르겠군.

그라티아노 고맙네. 침묵은 말린 소 혓바닥이나

팔리지 않는 노처녀한테나 어울리는 것이지.

안토니오 그라티아노는 뭐라고 떠드는 건지?

바사니오 그라티아노는 베니스의 그 누구보다도 수다스럽게

아무 말이나 쏟아 내는 녀석이지.

거기서 의미 있는 말을 찾는 것보다는

건초 더미에서 밀알 하나를 찾는 게 더 나을걸.

하루 종일 건초 속을 뒤지지만 찾아 봐야 뒤질 가치도 없었던 거지.

안토니오 자, 그럼 이제 말해 보게나.

오늘 자네가 말해 주기로 했던,

자네가 비밀 순례를 맹세한 그 여인이 누구인지.

바사니오 안토니오, 자네도 모르진 않지?

내가 내 재산을 얼마나 한심하게 탕진했는지.

좀 더 있어 보이려는 허세 때문이었다네.

내 부족한 재력이 감당할 수 없는 선까지 간 것이지.

하지만 그 호화로운 생활을 더 이상 하지 못해

괴로운 건 아니라네. 나의 진짜 걱정은

이 커다란 빚에서 어떻게 하면 벗어날 수 있을까 하는 거네.

너무 흥청망청 살았던 결과로

빚더미에 허덕이게 된 것이라네. 안토니오 자네에겐

내가 돈과 사랑을 가장 많이 빚졌지.

하지만 자네가 준 그 사랑 덕분에 나는 용기가 나네.

그 많은 빚을 어떻게 갚을지,

내 속마음과 계획을 솔직히 털어놓을 용기 말일세.

안토니오 부디 털어놓게나, 바사니오.

그게 자네가 항상 그래 왔던 것처럼

명예로운 일이라면, 확신을 가져도 좋네.

내 돈, 내 몸, 내가 가진 것 중 무어라도

다 자네에게 내어 줄 수 있다네.

바사니오 학창 시절에 나는 화살 하나를 잃어버리면

똑같은 무게의 다른 화살을

같은 방식으로 쏘아 봤다네. 주의 깊게 관찰하면서 말이야.

하나 더 잃을 각오로 모험을 하니

종종 두 개 다 찾아지더군. 내가 이렇게 어린 시절 이야기를 하는 건

이제 하려는 말이 순수한 것임을 보여 주려는 것이라네.

나는 자네에게 큰 빚을 졌네. 철없는 젊은이마냥

그걸 다 탕진했고. 하지만 자네가 내게

첫 번째 화살을 쏜 것처럼 똑같이 한 번만 더 쏘아 준다면

나는 신중하게 그 목표를 따라가 두 화살을 다 찾겠네.

아니, 적어도 나중 것은 반드시 찾을 거고
첫 화살은 못 찾는다 해도 내내 고마울 걸세.

안토니오 자네는 나를 잘 알면서 말을 빙빙 돌리며
시간을 낭비하고 있네.
내가 최선을 다해 도울 것임을 자네가 의심하는 것이,
실제로 내가 가진 모든 걸 낭비하는 것보다
나는 더 섭섭하네.
그러니 내가 뭘 해야 하는지 말하게.
자네 생각에 내가 할 수 있는 일이라면
나는 준비가 되어 있어. 그러니 어서 말하게.

바사니오 벨몬트에 많은 유산을 물려받은 여인이 있다네.
아름답고, 아름답다는 말 이상으로 덕이 넘치는
여인이지. 가끔 그녀의 눈에서
나를 향한 말 없는 호감을 읽었다네.
그녀의 이름은 포셔지.
카토*의 딸이요, 브루투스**의 아내인 포셔에 전혀 뒤지지 않아.
넓은 이 세상도 그녀의 가치를 다 알기에

* 로마 공화국의 군인이자 정치인.
** 로마 공화정 말기의 정치가이자 군인으로, 율리우스 카이사르 암살의 주요 인물.

사방에서 바람이 불어오듯, 이름 있는 구혼자들이 몰려든다네.

그녀의 햇살 같은 머리카락은 금색의 양털처럼

관자놀이에 드리우고, 그녀가 있는 벨몬트를

이아손*들이 그녀를 얻기 위해 몰려드는 콜키스 해변으로 만들지.

오, 나의 안토니오. 내가 만약 재력이 있어

그 이아손들과 경쟁할 수 있다면!

분명 운이 좋아 잘될 것 같은

예감이 든단 말이지.

안토니오 자네도 알다시피 내 재산은 다 바다에 나가 있네.

현금도 없고, 돈을 마련할 물건도 없는 상황이야.

자네가 내 이름으로 돈을 빌려 보고

베니스에서 내 신용이 어떤지 확인해 보는 건 어떻겠나.

나도 할 수 있는 한 끝까지 돈을 마련해 보겠네.

자네가 벨몬트의 아름다운 포셔에게 갈 수 있도록 말이야.

곧장 나가서 돈을 어디서 빌릴지 알아보게.

나도 그리하겠네. 내 신용을 봐서든,

나를 봐서든, 돈을 구하는 데 문제는 없을 걸세.

[퇴장]

---

* 그리스 신화에 나오는 인물로, 콜키스로 황금빛 양털 가죽을 얻기 위해 옴.

2장

벨몬트. 포셔의 저택 안 방.

포셔와 시녀 네리사 입장.

포셔 맹세컨대 네리사, 나의 이 작은 몸은 이 커다란 세상에 지쳐 버
렸어.

네리사 그럴 거예요. 그래도 힘들다고 하시지만은,
사실 아씨는 복이 너무 많으시잖아요.
제 생각을 감히 말씀드리자면 너무 많은 것도 너무 없는 것만큼이나
괴로운 일인 거 같아요. 그러니 적당히 가진 것은
결코 하찮은 행복이 아니랍니다. 지나치게 가지면
빨리 늙게 되고 적당히 가지면 더 오래 살게 되는 것 같아요.

포셔 참 좋은 말을 잘도 하는구나.

네리사 좋은 말을 잘 실천한다면 더욱 좋겠죠.

포셔 뭐가 좋은 일인지 아는 건 쉽지만, 그걸 실천하는 건 어렵지.

제대로 실천한다면 작은 기도실은 교회가 되고,

가난한 이의 집은 왕자의 궁전이 됐겠지.

자신의 가르침대로 실천하는 성직자는 얼마나 좋은 성직자일까.

스무 명에게 선하게 살라고 말할 수는 있어도,

그 가운데 선을 실천하는 한 명이 되긴 어렵겠지.

머리는 행동을 조절하려고 하지만, 마음은 말을 안 들어.

젊음은 충동적이고 제멋대로인 토끼와 같아서

느릿하고 신중한 충고 따위는 그냥 뛰어넘어 버리지.

나는 이런 이성적인 말 따위로 내 남편을 고를 수 없어.

에고, 고른다는 말을 했네! 나는 원하는 사람을

고를 수도 없을 뿐 아니라, 싫어하는 사람을 거절할 수도 없어.

살아 있는 딸의 뜻이, 죽은 아버지의 유언에 억눌려 있다니.

내가 그 누구도 고를 수 없고 아무도 거절할 수 없다는 게

정말 힘들지 않겠어, 네리사?

네리사 아씨의 아버님은 항상 덕망 있는 분이셨고, 거룩한 사람은 죽
을 때 좋은 영감을 받게 되어 있지요. 그러니까 아버님께서 정하신
이 금, 은, 납 상자 시험은 결국 아씨가 진심으로 사랑할 사람만이
통과할 수 있게 되어 있을 거예요. 그나저나, 여태까지 온 고귀한
구혼자들 중 아씨 마음에 끌리는 사람은 없었나요?

포셔 네리사, 네가 그들의 이름을 하나씩 말해 볼래?

그러면 내가 그 사람들을 어떻게 생각하는지 말해 줄게.

나의 묘사를 듣고 내가 그 사람을 좋아하는지 아닌지 맞혀 봐.

네리사 먼저 나폴리 왕자가 있어요.

포셔 맞아, 그는 정말 수망아지 같아. 맨날 자기 말 얘기만 하지.

제 손으로 편자 좀 갈 줄 아는 게 뭐 그리 자랑이라고 말이야.

그의 어머니가 대장장이랑 바람이라도 피운 건 아닌지 몰라.

네리사 그다음엔 팔라틴 백작이 있고요.

포셔 그 사람은 찡그리기만 하지.

마치 "내가 싫으면 말고"라고 말하는 것처럼 말이야.

재미있는 이야기를 들어도 웃질 않아. 젊을 때부터

그토록 예의 없이 혼자 우울해하는 걸 보면,

나이 들어서 질질 짜는 철학자가 되는 건 아닌지 모르겠어.

둘 중 하나와 결혼하느니 차라리 입에 뼈를 문

해골과 결혼하겠어. 하나님, 그 둘로부터 저를 지켜 주소서!

네리사 프랑스 귀족 르 봉 씨는 어떠신지요?

포셔 그도 하나님이 만드셨으니 일단 사람이라고 쳐 주자고.

남을 조롱하는 건 좋지 않지만,

나폴리 왕자에 비하면 그쪽은 훨씬 나은 말을 가지고 있지.

그렇지만 팔라틴 백작보다 찡그리는 버릇은 더 심해.

모든 사람을 흉내 내지만 정작 실속은 없는 사람이야.

개똥지빠귀가 노래하는 작은 소리에도 요란스레 춤추는가 하면,

자기 그림자를 상대로 허세를 부리며 칼싸움을 할 정도야.

내가 그와 결혼한다면 스무 명의 남편과 함께 사는 것 같을 거야.

그가 만약 나를 멸시해도 그건 상관없어. 용서할 수 있지.

다만 나를 미치도록 사랑한대도 나는 그에 답할 마음이 없어.

네리사 그럼 영국의 젊은 남작 펠컨브리지는요?

포셔 그 사람과는 내가 말을 안 하는 거 알잖아.

그도 나를 이해 못 하고, 나도 그를 이해 못 해.

그는 라틴어도, 프랑스어도, 이탈리아어도 모르거든.

넌 내가 영어를 못해서 대화가 안 되는 줄 알겠지?

그 사람은 겉보기엔 잘생긴 남자야, 하지만 아아,

벙어리 그림자와 무슨 대화를 나누겠어?

옷차림도 정말 기이하지! 조끼는 이탈리아, 통바지는 프랑스,

모자는 독일에서 샀을 거야.

그렇지만 그 행동거지는 아무 데서나 막 사 온 것 같아.

네리사 그의 이웃인 스코틀랜드 영주는 어떠세요?

포셔 그 사람은 참 훌륭한 이웃 사랑 정신을 갖고 있지. 영국인에게
  뺨을 한 대 맞고는 반드시 '갚아' 주겠다고 맹세했거든. 프랑스인이
  보증인이 되어 한 대 더 때리게 해 주겠다고 약속했다나 봐.

네리사 젊은 독일인인 작센 공작의 조카는요?

포셔 그는 아침에 술이 깼을 때 완전 끔찍해,
  오후에 취했을 때는 더 끔찍하고. 그는 가장 멀쩡할 때도
  인간보다 조금 못하고, 최악일 때는 짐승보다 조금
  나은 정도야. 세상에 일어날 수 있는 최악의 불행이 닥치더라도,
  나는 그 사람 없이 살 방법을 찾고 말겠어.

네리사 만약 그 사람이 아가씨와 결혼하게 되는 정답 상자를 고르고
  아가씨가 그를 거부한다면 아버님의 유언을 어기게 되는 거예요.

포셔 그러니까 최악의 상황에 대비해서, 부탁하는데
  오답 상자 위에 라인강의 백포도주를 큰 잔으로 올려 둬.
  상자 안에 나쁜 결과가 들어 있대도 술의 유혹에 못 이겨
  그는 분명 그걸 고를 거야.
  네리사, 술꾼과 결혼하느니 나는 뭐든지 하겠어.

네리사 아가씨, 지금 이 영주들은 걱정 안 하셔도 돼요.

그들이 자신의 결심을 알려 줬거든요. 집으로 돌아갈 거고

더 이상 구혼하지 않겠다고 했어요. 아가씨를 얻는 방법이

아버님이 제시한 상자 고르기밖에 없다는 게 말이 안 된다면서요.

포셔 시빌라*만큼 오래 산다 해도, 아버지의 유언을 지키지 않아도

된다면 나는 디아나**처럼 순결하게 죽겠어.

그 구혼자들이 이렇게 분별 있게 굴어서 다행이야.

그들이 다 돌아간다고 해도 아쉬울 사람은 한 명도 없거든.

하나님께서 그들이 무사히 떠날 수 있게 해 주시길 기도한다.

네리사 아가씨, 아버님이 살아 계실 때 몽페라 후작과 함께 왔던

베니스 사람을 기억하지 못하시나요?

학자이면서 군인이었던 그분 말이에요.

포셔 아, 맞아, 바사니오였어. 그렇게 불렀던 것 같아.

네리사 맞아요, 아가씨. 제 철없는 눈으로 봤을 때에도

모든 남자 중에서 그분만이 가장

* 그리스 로마 신화에서 아폴론의 신탁을 받은 어느 무녀. 아폴론은 그녀가 자기 손안에 쥔 모래만큼 오래 살게 해 주었다.
** 로마 신화에 나오는 순결의 여신, 달의 여신. 그리스 신화의 아르테미스에 해당한다.

아름다운 숙녀를 차지할 자격이 있었어요.

포셔 나도 그 사람 잘 기억하고 있단다. 네가 칭찬할 만한 사람이었어.

시종 등장.

그래! 무슨 소식이라도 있나?

시종 이국에서 오신 손님 네 분이 아가씨를 찾고 있습니다.
작별 인사를 드리려고요. 그리고 다섯 번째 분인
모로코 왕자님의 전령이 왔는데, 왕자님이 오늘 밤
이곳에 오시겠다는 전갈을 가져왔습니다.

포셔 그 네 사람에게 작별을 고할 때만큼 진심으로
다섯 번째 사람을 환영할 수 있다면 좋겠군.
성인의 성품을 가졌다 해도 악마의 안색을 하고 있다면,
나와 결혼하는 것보다 차라리 내 고해를 들어 주는 게 나을 거야.
가자, 네리사. 얘야, 앞장서거라. 한 구혼자가 떠나려 문을 나서니,
또 다른 구혼자가 문을 두드리는구나.

[퇴장]

3장

베니스. 광장.

바사니오, 유대인 샤일록과 함께 등장.

샤일록 3천 다카트, 글쎄요.

바사니오 석 달간입니다.

샤일록 석 달간이라, 글쎄요.

바사니오 말씀드린 대로, 안토니오가 보증을 설 겁니다.

샤일록 안토니오가 보증을 선다고요, 좋소.

바사니오 저를 도와주시겠소? 호의를 베풀어 주시겠냐고요? 답 좀 해
주시구려.

샤일록 3천 다카트, 석 달, 그리고 안토니오의 보증.

바사니오 네, 그에 대한 답을 주시겠소?

샤일록 안토니오는 좋은 사람이오.

바사니오 그 반대의 평을 듣기라도 했단 말이오?

샤일록 오, 아니, 아니, 아니요. 전혀 아니올시다.
　제가 그를 좋은 사람이라고 한 것은
　그가 신용 있는 사람이라는 뜻이지요.
　하지만 그의 재산은 아직 확정된 게 아닙니다.
　트리폴리로 가는 배가 한 척, 인도로 가는 배가 또 한 척 있답니다.
　리알토에서 들으니 멕시코로 가는 세 번째,
　영국으로 가는 네 번째 배도 있다더군요. 그 밖에도
　해외에 투자한 게 많답니다. 허나 결국 배는 나무 판자에 불과하고,
　선원들도 결국엔 그냥 사람에 불과하다오.
　땅에 사는 쥐도 있고 물에 사는 쥐도 있으며,
　바다 도적도 있고 육지 도적도 있지요. 곧 해적이 있다 이 말입니다.
　그뿐이오? 배를 위협하는 물과 바람, 바위도 있지요.
　그럼에도 그 사람은 믿음이 갑니다. 3천 다카트.
　그가 보증서라면 내가 받을 수 있을 것 같소.

바사니오 분명히 받아도 될 거요.

샤일록 분명히 받아도 되도록 해야겠지요. 확실하게 하고 싶으니, 생
　각 좀 해 보고, 안토니오와 직접 이야기할 수 있겠소?

바사니오 혹시 우리와 식사하실 의향이 있으시다면….

샤일록 식사를 같이하면 돼지고기 냄새를 맡게 될 텐데요.
　당신들의 예언자, 나사렛 예수는 악마를 쫓아
　돼지우리에 넣었다죠.
　그 돼지고기를 먹으라고요? 나는 당신들과 함께
　사고팔고, 애기하고, 걷고, 그 밖의 것은 다 하겠지만,
　식사나 술, 기도는 함께하지 않겠소.
　리알토의 소식은 어떻소? 저기 오는 자는 누구요?

안토니오 등장.

바사니오 저 사람이 바로 시그니어 안토니오요.

샤일록 (혼잣말) 아첨쟁이 세금 징수인 같은 놈.
　나는 저 인간이 기독교인인 것도 싫지만, 그보다 더 싫은 건
　겸손한 척하며 이자 없이 돈을 빌려주기 때문이지.

베니스에서 우리 고리대가 떨어진단 말이야.

만약 저 인간을 제대로 한번 잡을 수만 있다면, 내가 품고 있는

오래된 원한을 반드시 갚아 주겠어. 저 인간은 우리 민족을 증오해.

상인들이 모이는 곳마다 나와 내 거래, 어렵게 모은 내 재산을

악질적인 이자라고 부르며 욕을 한단 말이야.

우리 민족이 저주를 받는 일이 있어도 내 저 인간은 용서 못 하지!

바사니오 샤일록, 들었소?

샤일록 아, 지금 가지고 있는 돈을 계산해 보고 있었소.

기억을 더듬어 봐도 당장 3천 다카트를 전부 마련할 수는 없소이다.

하지만 그게 문제는 아니죠. 나와 같은 히브리인 부자 투발이

돈을 마련해 줄 수 있을 거요. 잠깐, 몇 개월 쓰신댔죠?

(안토니오에게)

안녕하시죠, 훌륭하신 시그니어 양반.

조금 전까지 우리 대화의 주제는 바로 당신이었소.

안토니오 샤일록, 나는 돈을 빌려줄 때도, 빌릴 때도

과도한 이익에는 관심이 없소만, 친구의 급한 사정을 돕기 위해

특별히 내 원칙을 깨겠소.

(바사니오에게)

원하는 금액이 얼마인지 말해 주었나?

샤일록 그래요, 그래, 3천 다카트죠.

안토니오 그리고 석 달 동안.

샤일록 아, 잊어버렸군. 석 달이라고 당신이 말했죠.
　좋소, 그럼 당신의 증서를….
　그런데 잠깐, 들어 보시오. 당신은 이자를 받고는 돈을 빌려주지도
　빌리지도 않는다고 말한 것 같은데 말이오.

안토니오 나는 절대 그런 짓을 하지 않소.

샤일록 야곱이 그의 외삼촌 라반의 양 떼를 돌볼 때 말이오.
　이 야곱은 우리의 거룩한 아브라함의 후손으로서,
　그의 현명한 모친께서 그를 위해 꾀를 부린 덕분에
　세 번째 상속자가 되었지요. 그렇지, 그는 세 번째였지.

안토니오 그래서 그가 어떻게 했다는 거요? 이자를 받기라도 했소?

샤일록 아니요, 그는 이자를 받지 않았소.
　당신이 말한 것처럼 직접적인 의미의 이자는 말이오.
　야곱이 한 일을 잘 보시오.
　야곱은 라반과 합의를 봤는데 줄무늬가 있고 얼룩빼기인

새끼 양이 태어나면 그걸 자신의 품삯으로 받기로 했소.
가을이 끝날 무렵 암양들이 발정기가 되어 숫양들에게 갔을 때,
그 털북숭이 번식자들 사이에서 번식이 이루어지는 중에,
이 재주꾼 양치기는 껍질 벗긴 나뭇가지를 준비해서,
그 얼룩덜룩한 걸 발정 난 암양들 앞에 세워 놓았소.
그러자 임신한 암양들이 얼룩무늬 새끼 양을 낳았고,
그것은 곧 야곱의 몫이 되었지요.
이것이 야곱이 번영한 방법이었소. 그는 축복을 받았지요.
훔치지만 않는다면 이익을 얻어 내는 것은 축복이라오.

안토니오 그것은 모험이었소,
야곱이 양치기 일을 해서 얻은 것이지만,
그의 힘으로 된 일이 아니었소.
하늘의 손에 의해 좌우되고 만들어진 것이라오.
이것이 당신이 고리대를 정당화하기 위해 끌어온 이야기요?
아니면 당신의 금과 은이 암양과 숫양이라도 된단 말이오?

샤일록 모르겠소. 하지만 내가 돈을 빨리 새끼치기하게 하는 건 맞지
요. 내 말 좀 들어 보시오.

안토니오 바사니오, 이것을 명심해 두게.
악마도 자신의 목적을 위해 성경을 인용할 수 있지.

거룩한 증거를 끌어다 대는 사악한 영혼은

웃는 뺨을 가진 악한과 같고,

겉은 좋아 보이나 속은 썩은 사과와 같다네.

오, 거짓의 가면이여, 얼마나 그럴듯한가!

샤일록 3천 다카트, 꽤 큰 액수군요.

1년 중 3개월이라, 어디 계산 좀 해 봅시다.

안토니오 자, 샤일록, 우리가 당신에게 신세를 져야겠소?

샤일록 안토니오 나리, 리알토에서 당신은 여러 번

내 돈과 내 고리대에 대해 꾸짖었죠.

나는 늘 참을성 있게 어깨를 움츠리며 견뎌 왔소.

(인내는 우리 민족 전체의 표징이니까 말이오.)

당신은 나를 이교도, 살인개라고 부르고,

유대인이 입는 내 외투에 침을 뱉었죠.

그저 내 재산을 내 뜻대로 쓴다는 이유만으로요.

자, 그런 당신이 이제 내 도움이 필요하여

내게 와서 말하지요. "샤일록, 우리에게 돈이 필요하오."

내 수염에 침을 뱉고, 문 밖으로 떠돌이 개를 차 버리듯이

나를 발로 찬 당신이, 이제 돈이 필요하군요.

내가 뭐라고 말해야 하겠소? 이렇게 말하면 안 되겠소?

"개가 돈이 있나? 떠돌이 개가 3천 다카트를 빌려줄 수 있나?"
아니면 내가 허리를 굽히고 비굴한 노예의 말투로,
숨을 죽여 겸손하게 속삭이면서 이렇게 말해야 하겠소?
"고귀한 나리, 당신은 지난 수요일에는 내게 침을 뱉으셨고,
어느 날은 나를 발로 차셨으며, 또 어느 날은 나를 개라고 부르셨소.
그 은혜에 보답하여 제가 이만큼 돈을 빌려드리리다." 하고요?

안토니오 나는 또다시 당신을 그렇게 부를 거요.
또다시 당신에게 침을 뱉고, 또 발길질을 할 거요.
당신이 이 돈을 빌려준다면, 친구에게 하듯 빌려주지는 마시오.
우정이 어찌 메마른 돈 덩어리에서 이익을 뽑아 낼 수 있겠소?
차라리 당신의 원수에게 빌려주듯 하시오.
그가 돈을 안 갚으면, 당신은 더 떳떳하게
벌금을 받아 낼 수 있을 테니 말이오.

샤일록 보시오, 당신이 얼마나 격노하는지!
나는 당신과 친구가 되고 싶고, 당신의 사랑을 받고 싶소.
당신이 나에게 준 그 치욕들은 잊고,
당장의 요구를 채워 주되, 내 돈에 대해서는 조금의 이자도
받지 않겠소. 그런데도 내 말을 들으려 하지 않는군요.
이건 내가 베푸는 친절인데 말이오.

바사니오 그것참 감사한 일이구려.

샤일록 그 친절에 대해 설명하겠소. 나와 함께 공증인에게 가서,
거기서 이 증서에 도장을 찍으시오. 그대신 재미 삼아
조건을 하나 붙이겠소. 만약 당신이 정해진 날짜에,
정해진 장소에서, 조건에 명시된 액수를 갚지 못하면,
벌칙으로 당신의 그 보드라운 살 1파운드를 몰수하되,
내가 원하는 부위를 베어 내어 가져가겠소.

안토니오 좋소. 이 증서에 도장을 찍겠소. 그리고
유대인은 참으로 친절하다고 말하겠소.

바사니오 안 되네, 나를 위해 그런 증서에 도장을 찍어서는 안 되네.
차라리 내가 궁핍 속에서 살겠네.

안토니오 걱정하지 말게, 친구여. 내 살을 베일 일은 없을 거야.
두 달 안에, 즉 이 증서의 기한이 만료되기 한 달 전에,
나는 이 돈의 세 배까지도 너끈히 갚을 수 있을 걸세.

샤일록 오, 아버지 아브라함이여, 이 기독교도들이란!
자기네들이 매정하게 거래하니 남들도 똑같으리라 생각하는군.
어디 말 좀 해 보시오. 만약 그가 약속일을 어겨 내가

그 벌금을 받아 낸다고 해서 얻는 게 무엇이오?
사람에게서 뜯어낸 살 1파운드가,
양고기나 소고기나 염소고기만큼 값지지도 않고,
아무 이익이 없소. 나는 그저 안토니오 양반의 호의를 사기 위해
이 우정을 베푸는 것이오. 그가 받아들이면 좋고,
아니면 마는 것이오. 그러니 부디 내 호의를 곡해하진 마시길.

안토니오 좋소, 샤일록. 이 증서에 서명하겠소.

샤일록 그럼 곧바로 공증인 집에서 봅시다.
　그에게 이 재미난 계약 조건을 일러 주시오.
　나는 곧장 다카트를 챙기러 갑니다.
　못 미더운 하인의 허술한 손에 맡겨 둔 우리 집도
　잠시 살피고 바로 합류하겠소.

안토니오 어서 가게, 유대인 신사 양반.

[샤일록 퇴장]

이 히브리인도 곧 기독교인이 되겠어,
이렇게 친절해지다니 말일세.

바사니오 나는 못 믿겠네.

그럴듯한 말 속에 악한 마음이 숨어 있는 걸 난 좋아하지 않는다네.

안토니오 걱정 말게, 친구. 불안해할 일이 하나도 없다네.

내 배들이 계약 만기보다 한 달은 일찍 돌아올 테니까.

[함께 퇴장]

2막

1장

벨몬트. 포셔의 저택 안 방.

코르넷 나팔소리. 황갈색 피부의 무어인으로 온몸에 흰옷을 감은

모로코 왕자가 그에 맞게 차려입은 서너 명의 수행원들과 함께 등장.

포셔, 네리사 일행도 함께 등장.

모로코 왕자 내 피부색 때문에 날 싫어하진 마시오.

나는 작열하는 태양의 이웃이자 가까운 혈족으로 자라

검은 제복을 입은 것뿐이오.

태양의 불꽃도 고드름을 녹이기 힘든

북쪽의 추운 땅에서 태어난 하얀 이를 데려오시오.

그대의 사랑을 두고 우리 둘 다 칼로 베어,

누구의 피가 더 붉은지 증명해 봅시다.

아가씨, 이 내 얼굴빛은 용맹한 자들을 주눅 들게 했고,

내 고향의 고운 처녀들이 또한 사랑하는 바요.

나는 이 피부색을 바꾸고 싶지 않소.

다만 그대의 마음을 훔치기 위해서라면 모를까,

고귀한 나의 여왕이여.

포셔 제 선택은 처녀의 눈길이 이끄는 대로만 움직이지 않아요.
　　더구나 저의 운명은 제비뽑기라는 틀에 갇혀,
　　제 마음대로 고를 자유조차 허락받지 못했지요.
　　하지만 만약 제 아버지가 저를 구속하지 않고,
　　제비뽑기 방식으로 저를 차지하는 사람의 아내가 되도록
　　자신의 지혜로 족쇄를 채우지 않았다면,
　　존귀하신 왕자님, 당신은 제가 지금까지 보아 온 구혼자들 중
　　제 마음을 얻을 가장 훌륭한 분이셨을 것입니다.

모로코 왕자 바로 그 말씀만으로도 감사하오. 그러니 부디 나를
　　그 운명의 상자에게로 안내해 주시오. 내 운명을 가려 보겠소.
　　이 곡검을 두고 맹세하오. 페르시아의 군주와 왕자를 베었고,
　　술탄 술레이만*의 세 전장을 승리로 물들였던 검이오.
　　나는 세상에서 가장 사나운 눈빛도 굽어볼 것이며,
　　지구상 가장 담대한 심장조차 꺾어 누르겠소.
　　나는 어미 곰의 품에서 새끼를 떼어 놓고,
　　먹이를 찾는 사자의 포효마저 조롱하리다,
　　그대를 얻기 위해서라면! 하지만, 아아,

* 군사 전략가로서의 능력이 뛰어났던 오스만 제국의 제10대 술탄.

헤라클레스도 운명의 주사위 놀이에서는 리카스*에게 질 수 있지요.

운명은 강자의 손을 떠나 약자에게 미소 지을 수도 있는 법.

헤라클레스조차 분노에 굴복하였듯,

나 또한 맹목적인 운명이 나를 이끌어,

나보다 못한 구혼자에게 당신을 놓치고,

슬픔 속에 쓰러질 운명일지도 모르오.

포셔 당신은 운명을 받아들여야 합니다.

아예 도전하지 않거나, 도전한다면 그전에 맹세하셔야 해요.

만약 잘못 선택한다면, 당신은 이후 결코 나에게

혼인 이야기를 꺼내지 않겠다고 서약하셔야 합니다.

그러니 신중히 생각하세요, 고귀한 왕자님이시여.

모로코 왕자 알겠소. 자, 나를 운명의 문 앞으로 데려가라.

포셔 우선 신전으로 가시죠. 만찬 후에

당신의 위험한 선택이 행하여질 것입니다.

모로코 왕자 자, 운명이여, 나를 가장 축복받은 자로 만들든,

---

* 헤라클레스의 종복. 헤라클레스에 대비되는 약자이면서 운명적 파국을 불러오는 존재를 상징한다.

가장 불운한 자로 만들든, 그대 손에 맡기리다!

[나팔 소리. 퇴장]

2장

베니스. 거리.

란슬롯 고보, 광대로 홀로 등장.

란슬롯 분명 내 양심은 내가 이 유대인,

내 주인에게서 달아나는 것을 허락할 것이로다.

그런데 악마가 내 옆구리에 붙어서 나를 유혹하며 말하네.

"고보, 란슬롯 고보, 착한 란슬롯." 혹은 "착한 고보."

혹은 "착한 란슬롯 고보."라고 부르면서 이렇게 말하네.

"네 다리를 써라, 출발하라고, 도망가란 말이야."

반면 내 양심은 이렇게 말하지.

"안 된다. 신중해야 해, 정직한 란슬롯. 명심해, 정직한 고보."

또는 앞서 말했듯, "정직한 란슬롯 고보, 도망가지 마,

도망가려는 생각은 발꿈치로 밟아 버려."

하지만 가장 용맹한 악마는 내게 짐을 싸서 떠나라고 명하네.

"가라! 떠나라!" 악마는 말하네.

"하늘을 보아 용기를 내, 그리고 달려."

이에 내 양심, 내 심장의 목에 매달린 양심은 지혜롭게 내게 말하지.

"내 정직한 친구 란슬롯, 정직한 남자의 아들아."

사실, 정직한 여인의 아들이 맞지. 내 아버지는 뭔가 색을 밝혔어.

아무튼 내 양심은 말하지, "란슬롯, 꼼짝하지 마."

"움직여." 악마가 말하고, "움직이지 마." 양심이 말하지.

"양심아, 너의 충고 좋구나." 내가 말하지

"악마야, 너의 조언도 좋구나." 나는 또 말하지.

양심의 다스림을 따르면, 나는 이 유대인 주인과 함께

머무를 것인데, 이 주인이란 사람은 인간 같지 않은 자란 말이지.

반대로 유대인에게서 도망친다면, 나는 악마에게 다스려지는 것

이야.

그리고 그 악마는 (실례를 무릅쓰자면) 바로 그 유대인 자체야.

분명 유대인은 악마가 사람의 몸뚱이를 하고 나타난 것이야.

하지만 내 양심이란 것도 이 유대인과 함께 머무르라고

충고하는 것을 보면 참 고약한 양심이라.

악마 쪽이 더 다정한 충고를 하는구먼.

달릴 거야, 악마여, 내 발꿈치는 그대의 명령에 따르겠다.

나는 도망치리라.

노인 고보, 바구니를 들고 등장.

고보 이보오, 젊은 양반, 부탁하는데, 어느 길로 가야

유대인 주인님께 닿는가?

란슬롯 (혼잣말) 오, 하늘이시여, 이는 참으로 내 친부로다.

그는 시력이 흐릿해져 나를 못 알아보는구나.

헷갈리게 장난을 쳐 볼까?

고보 젊은 신사 양반, 어느 길로 가야 유대인 주인님께 닿는가?

란슬롯 다음 골목에서 오른쪽으로 도시오.

그다음 골목에서는 왼쪽으로 도시오.

음 그러니까, 그다음 골목에서는 어느 쪽으로도 돌지 말고,

비스듬히 내려가 유대인의 집으로 가면 됩니다.

고보 골치 아픈 길이구려, 찾기 힘든 길이 되겠어.

그런데 혹 알 수 있는가요, 그 유대인과 함께 산다는

란슬롯이라는 자가 정말로 그와 함께 사는지 아닌지?

란슬롯 젊은 란슬롯 주인님을 말하는 겁니까?

(혼잣말) 잘 보라, 이제 내가 눈물을 쏟게 할 테니.

젊은 란슬롯 주인님을 말하는 겁니까?

고보 아니요, 그는 주인님은 아니고 다만 가난한 사람의 아들이라오.

그의 아버진, 감히 말하건대, 정직한 사람이지만 몹시 가난하다오.
그래도, 신께 감사드리며, 살아가는 데 큰 문제는 없소.

란슬롯 좋소, 그의 아버지는 알겠고요, 아무튼 우리의 젊은 란슬롯 주
인님을 말하는 게 맞는 것 같은데요.

고보 당신의 친구, 란슬롯이죠, 그렇죠?

란슬롯 네, 네, 그러니까, 노인께선, 젊은 란슬롯 주인님을 말하는 거
맞지요?

고보 그냥 란슬롯이라오, 젊은 양반이 정 그렇게 말한다면 모르겠지만.

란슬롯 그러니까요, 란슬롯 주인님이요. 이제 란슬롯 주인님 얘기는
그만합시다. 운명과 숙명, 그 비슷한 기이한 이야기들, 또 운명의 세
여신*의 신비에 따르면, 그 젊은 신사는 이미 고인이 되었답니다. 쉽
게 말해 천국에 갔지요.

고보 어찌… 참말로, 하나님 맙소사! 그 아이는 이 늙은이의 지팡이요,
내 지지대였소이다.

---

* 그리스 신화에서 운명을 관장하는 세 명의 여신들.

란슬롯 (혼잣말) 내가 곤봉이나 기둥, 지팡이 혹은 지지대로 보이나?
아버지, 나를 알아보시겠소?

고보 나는 당신을 모르오, 젊은 양반. 그러나
청하오니 내 아들이, 아이고, 하나님의 평화가 그 영혼과 함께하길….
청하오니 내 아들이 살았는지 죽었는지만 말해 주시오.

란슬롯 아버지, 나를 모르겠소?

고보 아이고, 주인장, 나는 눈이 거의 멀었소. 당신을 모르오.

란슬롯 아니, 눈이 밝다 해도 저를 알아보지 못할 수 있어요.
자기 자식을 알아보는 아버지가 바로 현명한 아버지죠.
자, 노인네여, 이제 아들 소식을 전하겠습니다. 축복해 주시오.
진실은 반드시 드러나기 마련이지요. 살인은 오래 숨길 수 없듯,
사람의 아들은 감출 수 있어도 진실은 결국 드러나게 마련입니다.

고보 부디 일어나 주시오, 난 확신하오, 그대는 내 아들 란슬롯이 아
니오.

란슬롯 청하오니, 더 이상 이리저리 장난하지 말고 축복해 주시오.
나는 란슬롯이라오. 이전에도 당신 아들이었고, 지금도 당신 아들

이며, 앞으로도 당신 자식이라오.

고보 난 당신이 내 아들이라는 생각을 못 하겠소.

란슬롯 그 말씀을 어떻게 받아들여야 할지….
　　하지만 나는 유대인의 하인인 란슬롯이라오.
　　그리고 확실히, 당신의 아내, 마저리가 내 어머니올시다.

고보 안사람 이름이 마저리지. 맞아. 맹세컨대, 네가 란슬롯이라면,
　　넌 내 살이요, 피다. 하나님이 축복하시길, 네 수염 좀 봐라!
　　네 턱수염이 내 일하는 말 도빈의 꼬리에 난 털보다도 많구나.

란슬롯 그렇다면, 도빈의 꼬리가 거꾸로 자라나나 보지요.
　　내가 마지막으로 봤을 때 그놈 꼬리에 난 털이
　　내 얼굴 위 털보다 더 많았던 걸 기억하는데.

고보 세상에, 어찌 이리 변했느냐? 주인과는 어떻게 지내느냐?
　　내가 선물을 가져왔단다. 지금은 사이가 좀 어떠냐?

란슬롯 글쎄요, 글쎄 모르겠어요. 하지만 나는
　　이미 떠날 준비를 해 두었으니, 달릴 만큼 달리기 전까지는
　　쉬지 않겠어요. 내 주인은 완전 유대인이에요.

그에게 선물을 준다고요? 차라리 목매달 올가미를 주시죠!

난 그의 하인 노릇 하느라 굶고 있어요.

배가 너무 고파 갈비뼈마다 손가락을 대어 세어 볼 지경이에요.

아버지, 오시니 기쁘네요. 차라리 바사니오 주인님께

그 선물을 주세요. 그분은 제게 근사한 새 제복을 주신답니다.

제가 그를 섬기지 않는다면, 땅끝까지라도 달아나겠어요.

아, 마침, 저기 그분이 오시네! 아버지, 저분에게 가세요.

내 더 이상 유대인을 섬겼다가는 유대인이 되어 버리겠어요.

바사니오가 레오나르도와 하인 몇 명과 함께 등장.

바사니오 그렇게 해도 돼. 다만, 만찬은 늦어도 다섯 시까지는

준비되도록 서두르고. 이 편지들을 전달하고,

제복 만드는 일도 맡기고.

그라티아노에게는 곧 내 숙소로 오라고 전해 줘.

[하인 퇴장]

란슬롯 그분에게로 가세요, 아버지.

고보 나으리, 신의 가호가 있기를!

바사니오 감사하오. 나와 할 말이라도 있소?

고보 여기 내 아들이 있소이다, 나으리. 가난한 아이지요.

란슬롯 가난한 아이가 아니고요, 주인님, 저는 부유한 유대인의
  하인입니다. 아버지께서 상세히 말씀하실 것입니다.

고보 이 아이는 주인을 섬기고 싶어 하는 의지가 아주 강하지요,
  병에 걸린 사람처럼 말입니다.

란슬롯 요컨대, 저는 유대인을 섬기고 있지만, 제가 원하는 건
  따로 있어요. 그건 아버지께서 말씀해 주실 것입니다.

고보 이 애의 주인과 이 애는 (나으리껜 죄송한 표현이나)
  사실상 친척보다도 못하게 지낸답니다.

란슬롯 간단히 말하자면, 사실은 이렇습니다.
  제 주인인 유대인이 저를 부당하게 대했기 때문에
  제가 이런 상황에 이른 건데요,
  제 아버지가, 현명하신 노인이니, 곧 주인님께
  더 분명히 말씀드릴 것입니다.

고보 저는 여기 비둘기 요리를 한 접시 가져왔소이다,
　　이걸 주인님께 바치고자 합니다. 그리고 제 부탁은….

란슬롯 간단히 말씀드리면, 그 청은 제 자신과
　　직접 관련이 없습니다. 제 이 정직한 아버지가
　　설명해 드릴 것입니다. 말씀드리건대,
　　노인이면서도 가난하신, 제 아버지가요.

바사니오 둘 중 한 명만 말하시오. 원하는 게 무엇이오?

란슬롯 당신을 섬기고 싶습니다, 주인님.

고보 이게 바로 말씀드리고자 했던 본론입니다, 나으리.

바사니오 자네를 잘 알고 있네. 자네 청은 이미 받아들였다네.
　　오늘 자네 주인 샤일록이 나와 얘기했거든.
　　그리고 자네를 내게 추천했네.
　　부유한 유대인의 집을 떠나
　　이처럼 가난한 신사의 하인이 되는 것을
　　좋은 일자리를 얻은 거라고 느낀다면 말이지.

란슬롯 속담에 "하나님의 은혜면 충분하다"고 하는데,

그 말이 딱 둘로 나뉘었네요. 주인님은 '은혜'를 가지셨고,

제 전 주인은 '충분한 돈'을 가졌죠.

바사니오 잘 풀어 말하는구나. 아버님은 아들과 함께 가시오.

자네는 옛 주인에게 작별 인사를 하고, 내 거처를 물어 찾아오거라.

(하인에게) 저 녀석에게는 다른 하인들보다 화려한 옷을 주도록 하라.

란슬롯 아버지, 들어가세요. 저는 도저히 일자리를 못 구하는 놈이에요!

말주변도 없는 것 같고요! (손금을 보면서) 그런데 보세요,

제 손금을 보니 운이 좋은 것 같아요.

이탈리아에서 저보다 좋은 손금을 가진 사람은 없을 것입니다.

생명선도 뚜렷하고… 아내가 열다섯 명이나 생길 거라니,

뭐 별거 아니네요. 게다가 과부 열한 명, 처녀 아홉 명이

저에게 올 거라니, 남자치곤 꽤 많은 걸 얻는 셈이죠.

또 세 번이나 물에 빠져서도 살아나고,

침대에서까지 죽을 위험이 있다니,

제 운명은 정말 파란만장하군요. 아무튼,

운명이 여자로 비유된다면 이번엔 꽤 괜찮은 계집애인 것 같네요.

아버지, 가시죠. 유대인(샤일록)에게는 금방 작별 인사를 하러 갈 것

입니다.

[란슬롯과 노인 고보 퇴장]

바사니오 부디, 착한 레오나르도, 이 일 좀 신경 써 줘.

　이것들을 모두 사서 잘 실어 놓고 서둘러 돌아와.

　오늘 밤 나는 내 가장 소중한 지인들을 위해 만찬을 열 거니까,

　서둘러 갔다 와.

레오나르도 네, 최선을 다할게요.

그라티아노 등장.

그라티아노 주인님은 어디 계신가?

레오나르도 저쪽에 걷고 계십니다, 나으리.

[레오나르도 퇴장]

그라티아노 바사니오 경!

바사니오 그라티아노!

그라티아노 청할 말이 있네.

바사니오 이미 들었네.

그라티아노 거절하면 안 되네, 내가 반드시 벨몬트까지 자네와 함께
　　가야 해.

바사니오 그렇다면 그래야지. 하지만 들어 봐, 그라티아노.
　　자네는 너무 자유분방하고 무례하며 거친 목소리를 가졌어.
　　그런 면이 자네에겐 어울리기도 하고,
　　우리 친구들 눈에는 결점으로 보이지도 않네.
　　하지만 사람들이 자네를 잘 모르는 곳에서는
　　그 행동들이 너무 방자하게 보일 수 있네. 제발 부탁이니,
　　그 쉽게 흥분하는 성질을 좀 가라앉혀 주게.
　　자네의 경박한 행동 때문에
　　내가 가려는 곳에서 오해받을까 봐 두렵네.
　　내가 바라는 바가 이루어지지 않을까 봐 두렵단 말이네.

그라티아노 바사니오, 내 말을 들어 보게.
　　만약 내가 가볍게 행동하거든,
　　점잖게 말하지 않고 욕도 자주 하거든,
　　그리고 주머니에 기도서를 넣은 채 얌전해 보이지도 않고,
　　기도하는 동안 모자로 두 눈을 가린 채 한숨을 쉬며
　　"아멘." 하고 말하지 않거든,
　　또 근엄한 척하며 모든 예의범절을 다 지켜
　　나이 든 어른들을 기쁘게 해 드리지 못하거든,

자네, 다시는 나를 믿지 않아도 되네.

바사니오 그래, 자네 행동을 지켜보도록 하지.

그라티아노 하지만 오늘 밤은 예외야.

오늘 밤 우리의 행동으로 나를 판단하면 안 되네.

바사니오 아니, 그러면 안 되지.

오늘 밤은 자네가 흥겨운 태도를 보이길 바라네.

오늘 밤은 우리의 흥겨움을 원하는 친구들과 함께하지 않는가.

그럼 잘 가게. 나는 볼일이 좀 있네.

그라티아노 그러게, 나는 로렌초와 다른 친구들에게 가 보겠네.

이따 저녁 시간에 오겠네.

[퇴장]

3장

베니스. 샤일록의 집 안 방.

제시카와 란슬롯 등장.

제시카 아버지를 그렇게 떠나게 된다니 안타까워요.

지옥 같은 우리 집에 당신 같은 명랑한 장난꾸러기가 있어

조금이나마 지루함을 잊을 수 있었죠.

그럼 안녕, 여기 다카트를 줄게요.

란슬롯, 조금 후 저녁에 당신은 새 주인의 손님인 로렌초를

보게 될 거예요. 이 편지를 그에게 몰래 전해 줘요.

이제 안녕, 아버지가 내가 당신과 이야기하는 걸 보면 안 돼요.

란슬롯 안녕! 눈물이 내 말문을 대신하는군요,

가장 아름다운 이교도요, 가장 다정한 유대인 아가씨여!

어느 기독교인이라도 장난치며 당신을 업어 갈 것만 같습니다.

하지만, 안녕! 이 바보 같은 눈물이 내 사내다움을 잠재우네요.

안녕!

제시카 잘 가요, 착한 란슬롯.

[란슬롯 퇴장]

제시카 아, 내 자신이 너무 큰 죄를 짓는 것만 같구나,
　아버지의 딸이라는 걸 부끄러워하다니!
　비록 핏줄로는 아버지의 딸이지만,
　아버지의 성격은 내게 맞지 않지. 오, 로렌초,
　당신이 약속을 지킨다면, 이 갈등을 끝내고
　저는 기독교인이 되어 당신의 사랑하는 아내가 될 거예요.

[퇴장]

4장

베니스. 거리.

그라티아노, 로렌초, 살라리노, 솔레이니오 등장.

로렌초 아니, 저녁 먹는 동안에 몰래 빠져나와

우리 집에서 변장을 하고 돌아왔네.

한 시간도 안 걸렸지.

그라티아노 우린 준비를 제대로 못 했네.

살라리노 그러게, 아직 누가 횃불을 들 지도 얘기 안 했잖아.

솔레이니오 제대로 하지 못하면 아무 가치가 없지,

차라리 안 하는 게 나아.

로렌초 지금 겨우 네 시야. 두 시간이나 남았으니 준비할 시간은 있네.

란슬롯, 편지를 들고 등장.

란슬롯 이 친구, 무슨 소식이라도 있는가?

란슬롯 열어 보시면 뭔가 중요한 게 있지 않을까 싶습니다.

로렌초 글씨를 보니 알겠네. 참 고운 손글씨군.
　편지 쓴 그 손은, 편지를 쓴 종이보다 더 희고 곱다네.

그라티아노 사랑 소식이군, 분명해.

란슬롯 저는 이만 실례하겠습니다.

로렌초 어디로 가는가?

란슬롯 예, 옛 주인인 유대인 샤일록께 전하러 갑니다.
　새 주인인 기독교인의 집에서 오늘 저녁 식사가 있다고요.

로렌초 이것 좀 가져가게.
　그리고 제시카 아가씨께 전해 드려.
　내가 반드시 갈 거라고, 남몰래 전해야 하네.
　자, 다들 가자구.

[란슬롯 퇴장]

로렌초 오늘 밤 가면극 준비할 건가?

　나는 횃불 들 사람을 이미 준비했네.

살라리노 물론이지. 곧 준비할 것이네.

솔레이니오 나도 그럴 것이네.

로렌초 한두 시간 뒤에 그라티아노의 숙소로 와서

　나와 그라티아노를 만나게.

살라리노 좋아, 그렇게 하겠네.

[살라리노와 솔레이니오 퇴장]

그라티아노 그 편지, 아름다운 제시카에게서 온 것 아닌가?

로렌초 자네에게 다 말해야겠군.

　그녀가 나보고 자신을 아버지 집에서 데리고 나가 달라고 했지.

　그녀는 금과 보석들을 가져올 것이고

　이미 시종 복장까지 준비해 두었다는 거야.

로렌초 그녀의 아버지, 그 유대인이 천국에 간다면

그건 순전히 착한 딸 덕분이겠지.

그리고 불운이 감히 그녀의 발길을 막아서는 안 되겠지만,

만약 그렇다면 그건 그녀가 신을 믿지 않는

유대인의 딸이라는 이유 바로 그것 때문일 것이네.

자, 나와 함께 가세. 가는 길에 이 편지를 읽어 보게.

오늘 밤 내 횃불잡이는 이 아름다운 제시카라네.

[모두 퇴장]

5장

베니스. 샤일록의 집 앞.

샤일록과 그의 하인이었던 광대 란슬롯 등장.

샤일록 자, 이제 네 눈으로 똑똑히 보게 될 것이다.

늙은 샤일록과 바사니오가 어떻게 다른지 말이야.

제시카! 얘야, 너는 내 집에 있을 때처럼 포식하지는 못할 것이다.

자고, 코를 골고, 옷가지를 찢던 네 버릇도 이젠 어려울 것이다.

제시카, 내 말 안 들리냐?

란슬롯 제시카 아가씨! 계세요?

샤일록 누가 너더러 부르라 했느냐? 나는 부르라 하지 않았다.

란슬롯 주인 어른께서는 예전엔 저보고

"시키지 않으면 아무것도 못 하는 놈이냐?"고 하셨잖아요.

제시카 등장.

제시카 부르셨어요? 무슨 일로요?

샤일록 오늘 저녁 식사 초대를 받아서 나가야 한다, 제시카.

여기 열쇠가 있다. 하지만 내가 왜 가야 하는지 참….

좋아서 부른 게 아니고, 나를 속이고 아첨하려는 것뿐인데.

그러니 나도 증오를 품고 가련다.

그 방탕한 기독교인을 보러 말이다.

제시카, 얘야, 집을 잘 지키거라.

나는 나가기가 영 내키지 않아.

내가 좀 쉬려니 뭔가 불길한 기운이 느껴져.

간밤에 돈주머니 꿈을 꾸었단 말이다.

란슬롯 부디 가시지요, 주인님. 제 새 주인께서도

어르신의 꾸짖음을 기다리고 계실 것입니다.

샤일록 좋아, 나도 그 사람에게 할 말이 있다.

란슬롯 그들이 분명 뭔가를 꾸미고 있는 게 틀림없습니다요.

가면극을 보게 될 거라고는 장담 못 하지만, 만약 보게 되신다면

지난 블랙 먼데이* 새벽 여섯 시에 내 코피가 터진 건

그냥 우연이 아니었겠죠.

그해 재의 수요일**에도, 오후 네 시쯤에 역시 뭔가 일이 있었으니까요.

샤일록 뭐라, 가면극이 있단 말이냐? 들어라, 제시카.

문단속을 단단히 하거라.

북소리가 들리고 지독하게 삑삑거리는

구부러진 피리 소리가 들리더라도

창문으로 기어올라 보지 말고,

거리 쪽으로 머리를 내밀어 바보 기독교인들의

가면 쓴 얼굴을 구경하지도 말거라.

우리 집의 귀, 그러니까 창문을 닫거라.

허세 가득한 천박한 소리가 엄숙한 우리 집에

들어오지 못하게 하거라.

야곱의 지팡이를 걸고 맹세컨대,

오늘 밤 잔치에 나가고 싶은 마음이 없구나.

하지만 가야만 한다. 네놈은 먼저 가서

내가 간다고 전하거라.

---

* (앞쪽) 1360년 잉글랜드에서 많은 병사들이 얼어 죽은 월요일.
** '재의 수요일'은 부활절을 준비하는 사순절이 시작되는 날.

란슬롯 먼저 가겠습니다, 주인님.

아가씨, 그래도 창밖은 꼭 보셔야 합니다.

곧 기독교인 한 명이 지나갈 건데요,

유대인 처녀의 눈길을 끌 만한 사람일 테니까요.

[란슬롯 퇴장]

샤일록 저 하가르*의 자손인 바보가 네게 뭐라 한 거냐?

제시카 그저 "안녕히 계세요, 아가씨."라고만 했습니다. 다른 말은 없

었어요.

샤일록 저놈은 성격은 괜찮지만, 너무 먹어 댄다.

돈은 굼벵이처럼 벌면서 낮에는 들고양이보다 훨씬 많이 자지.

게으른 놈은 내 곁에 있을 수 없으니, 그를 떠나보내는 것이다.

내게 돈을 빌리는 자에게 보내어,

그가 그 빌린 돈을 낭비하는 걸 돕게 하려는 거지.

그럼, 제시카, 이만 들어가거라. 나는 금방 돌아올지도 모르겠다.

내가 시키는 대로 하고, 문을 꼭 닫아라.

"잘 단속하면, 잃는 법이 없다."는 말이 있잖니.

* 아브라함의 시녀요 이스마엘 어머니로, 혈통을 비하하고 있음.

검소한 사람에게는 이런 속담이 항상 새롭지.

[퇴장]

제시카 안녕, 제 운명이 막혀 버리지 않는다면, 저는 아버지를 잃고,
아버지는 딸을 잃게 되겠죠.

[퇴장]

6장

베니스. 샤일록의 집 앞.

가면극 무리와 그라티아노, 살라리노 등장.

그라티아노 여기야, 로렌초가 우리보고 이 처마 아래에 서 있으라 했어.

살라리노 그가 올 시간이 막 지났어.

그라티아노 연인들은 항상 약속 시간보다 먼저 오기 마련인데,
그가 시간을 지키지 못하다니 신기하군.

살라리노 아, 새로 맺어진 사랑의 맹세를 확실히 굳히기 위해
비너스의 비둘기들이 날아가는 속도는
평소에 신의로 맺은 약속을 지키기 위해 날아가는 것보다
열 배는 더 빠르구나!

그라티아노 늘 그런 법이지. 잔치가 끝나 일어날 때

처음처럼 왕성한 식욕을 유지하는 사람이 어디 있겠는가?

먼 길을 가면서 처음 같은 속도로

지치지 않는 열정으로 걸음을 내딛는 말이 어디 있겠는가?

세상의 모든 것들은 얻어서 즐거울 때보단

쫓을 때 더 열정이 생기는 법이지.

젊은 방탕아처럼, 돛을 단 배는 항구를 떠나

매춘부처럼 거친 바람에 휘감기며 나아가지.

결국 돌아올 때는, 풍파에 시달리고 돛과 선체는 너덜너덜해져,

피폐해진 채로 돌아온다네.

로렌초 등장.

살라리노 로렌초가 왔다. 이 이야기는 나중에 더 해야겠군.

로렌초 친구들, 기다리게 해서 미안하네.

이렇게 늦은 건 나 때문이 아니라 내 일 때문이야.

아내 훔치기 놀이를 하고 싶다면,

내가 끝날 때까지 기다려 주겠네. 다가가 보자고.

여기에 내 유대인 장인이 사신다네. 여봐라, 안에 누구 있는가?

소년의 옷차림으로 제시카 등장.

제시카 누구시죠? 확실히 알려 주세요,

　　나는 당신 말투를 분명 알지만 말예요.

로렌초 그대의 사랑 로렌초요.

제시카 로렌초가 맞군요, 진정 내 사랑이죠.

　　내가 그렇게나 사랑한 사람. 이제 누가 알겠어요?

　　하지만 로렌초, 제가 당신 것인지요?

로렌초 하늘과 그대 생각이 증명하오니 그대 정녕 내 것이라오.

제시카 여기, 이 보석함을 받으세요. 고생한 보람이 있을 거예요.

　　밤이라 다행이에요, 당신이 나를 자세히 볼 수 없으니.

　　이런 모습으로 변장한 게 너무 부끄럽거든요.

　　하지만 사랑을 하면 연인들은 보지 못하죠,

　　스스로가 저지르는 귀여운 바보짓을요.

　　만약 볼 수 있다면, 큐피드조차 얼굴을 붉힐 거예요,

　　내가 이렇게 소년으로 변장한 모습을 본다면요.

로렌초 내려와요, 당신은 내 횃불을 들어야 하니.

제시카 뭐라고요? 제 부끄러움을 드러내라고요?

이미 충분히 부끄러운걸요.

그런데도 나를 또 드러내라고요, 내 사랑?

나는 오히려 숨어야만 해요.

로렌초 그대는 이미 숨겨져 있소, 사랑하는 이여,

사랑스러운 소년의 차림 안에 말이오.

하지만 어서 내려오오,

짙은 밤은 도망치듯 흘러가고 있고,

바사니오의 잔치에서는 우리를 기다리고 있소.

제시카 문을 잠그고, 금화를 좀 더 챙긴 후

내려갈게요.

[위에서 퇴장]

그라티아노 맹세코, 귀한 아가씨야, 유대인 같지가 않아.

로렌초 저주를 퍼붓는대도, 나는 진심으로 그녀를 사랑해.

내 눈이 정확하다면, 그녀는 현명하고,

내 눈이 정직하다면, 그녀는 아름다우며,

그리고 그녀 스스로 증명했듯이, 그녀는 진실하지.

그러므로, 현명하고, 아름답고, 진실한 그녀를,

내 변치 않는 영혼에 영원히 머물게 할 것이네.

제시카 등장.

오, 왔소? 신사분들, 갑시다!
지금쯤 가면극 동료들이 우리를 기다리고 있을 테니.

[제시카와 살라리노와 함께 퇴장]

안토니오 등장.

안토니오 누구인가?

그라티아노 안토니오 공!

안토니오 에잇, 그라티아노! 다른 사람들은 다 어디 있는가?
　아홉 시네, 친구들이 모두 자네를 기다리고 있어.
　오늘 밤은 가면극이 없네. 바람이 불어와서
　바사니오는 곧 배에 오를 걸세.
　자네들을 찾으려고 내가 사람을 스무 명이나 보냈다네.

그라티아노 잘되었네. 오늘 밤 배를 타고 떠난다니

이보다 더 즐거울 순 없다네.

[모두 퇴장]

7장

벨몬트. 포셔의 방.

나팔 소리가 울리고, 모로코 왕자와 그의 수행원들과 함께 포셔 등장.

포셔 가서 휘장을 걷고 이 고귀한 왕자에게

저 세 개의 상자를 보여라.

자, 이제 선택하시지요.

모로코 왕자 첫 번째는 금 상자로, 이런 글귀가 새겨져 있군.

"나를 택하는 자, 많은 사람들이 바라는 것을 얻으리라."

두 번째는 은 상자로, 이런 약속이 담겨 있네.

"나를 택하는 자, 자기가 받을 자격이 있는 만큼 얻으리라."

세 번째는 무딘 납 상자, 그만큼 무딘 경고가 적혀 있군.

"나를 택하는 자, 가진 모든 것을 바치고 걸어야 하리라."

내가 옳은 것을 택했는지 어떻게 알 수 있죠?

포셔 셋 중 하나에 제 초상화가 들어 있답니다, 왕자님.

그 상자를 택하시면, 저는 당신 게 됩니다.

모로코 왕자 신께서 내 판단을 인도해 주시기를! 어디 보자.

글귀를 다시 한번 살펴봐야겠군.

이 납 상자는 뭐라고 했지?

"나를 택하는 자, 가진 모든 것을 바치고 걸어야 하리라."

바치라고? 무엇을 위해? 납을 위해서? 납을 위해 모든 것을 걸라고!

이 상자는 협박을 하는군. 모든 것을 거는 자들은

더 많은 이득을 바라며 그렇게 한다네.

황금의 마음은 추레한 겉모습에 고개 숙이지 않으니,

나는 납을 위해 아무것도 바치거나 걸지 않으리라.

그 순결한 빛깔의 은 상자는 뭐라고 했지?

"나를 택하는 자, 자기가 받을 자격이 있는 만큼 얻으리라."

받을 자격이 있는 만큼이라? 거기서 멈추어라, 모로코여,

그리고 공정한 저울로 너의 가치를 달아 보라.

네가 스스로의 평가대로 가치를 인정받는다면

너는 충분히 자격이 있지. 하지만 '충분히'라는 것도

저 숙녀한테까지는 미치지 못할 수 있네.

하지만 내가 자격이 있다는 믿음에 두려움을 느낀다면

나 스스로를 나약하게 만드는 것일 뿐.

내가 받을 자격이 있는 만큼? 이 말은, 그래, 그것이 바로 저 숙녀로군.

나는 출생으로 보나 재산으로 보나 그녀를 가질 자격이 있고,

우아함과 교양으로도 그러하지.

하지만 이 모든 것보다도, 나의 사랑으로 나는 자격이 있어.

더 이상 헤매지 말고 여기서 선택을 할까?

금 상자에 새겨진 이 글귀를 다시 한번 보자.

"나를 택하는 자, 많은 사람들이 바라는 것을 얻으리라."

아, 그것이 바로 저 숙녀로군. 온 세상이 그녀를 바라지.

세상의 모든 곳에서 그들이 찾아오지.

이 성지와도 같은, 숨 쉬는 성녀에게 입 맞추기 위해.

멀고 험한 히르카니아 사막과 아라비아의 황야마저도

이제는 누구나 지나는 길이 되었다네,

아름다운 포셔를 보러 오려는 왕자들 때문에.

하늘을 향해 포효하는 격렬하고 거대한 바다조차도,

외국의 왕자들을 막을 수 없네. 그들은

작은 시냇물을 건너듯 아름다운 포셔를 보러 오는군.

이 세 상자 중 하나에 그녀의 천사 같은 초상화가 들어 있지.

납 상자가 그녀를 담고 있을 리 있겠는가? 그런 하찮은

생각을 하는 것은 신성모독과 같지. 그것은 너무도 천박하여

어두운 무덤 속에서 수의로 그녀를 감싸는 것과 다름없어.

아니면 그녀가 은 상자 속에 갇혀 있다고 생각해 볼까?

순금보다 열 배나 가치가 떨어지는 은 속에?

오, 죄스러운 생각이군! 이토록 귀한 보석이

황금보다 못한 것에 박혀 있었던 적은 없지.

영국에는 천사의 형상이 새겨진 금화가 있지.

그 천사의 모습은 금화의 겉에만 있지만,

여기서는 천사가 상자 속에, 황금 침대 속에

온전히 들어 있네. 나에게 열쇠를 주시오.

여기 이것을 택하리니, 운이 따르기를 바라며.

포셔 그것을 택하세요, 왕자님. 만약 제 초상이 그 안에 있다면,

그렇다면 저는 당신의 것입니다.

[그가 금 상자를 연다.]

모로코 왕자 이런! 이게 대체 무엇인가?

텅 빈 눈구멍이 있는 해골이구나.

그 안에 두루마리가 박혀 있네. 글을 읽어 보리라.

빛나는 것이 모두 금은 아니니,

이런 말은 자주 들었을 터.

내 겉모습에만 인생을 판 이들이 많았네.

금으로 입힌 무덤 속엔 벌레만 가득하니,

그대가 대담한 만큼 현명하기도 했더라면,

몸은 젊어도 판단은 노련했더라면,

이 두루마리는 그대에게 돌아가지 않았으리.

잘 가게나, 그대의 구혼은 싸늘하네.

정말이지 싸늘하고 헛된 노력이었구나,

그렇다면 열정은 이제 가 버리고, 서리가 오리라.

포셔, 잘 계시오! 내 마음은 너무 상심하여

긴 작별을 고할 수가 없소. 패자는 이렇게 떠나는 법.

[수행원과 함께 퇴장. 나팔 소리가 울려 퍼진다.]

포셔 조용히 해결됐군. 가서 휘장을 치거라.

저런 피부색을 가진 자들은 모두 저런 선택을 하기를.

[모두 퇴장]

8장

베니스. 거리.

살라리노와 솔레이니오 등장.

살라리노 이보게, 방금 바사니오가 배를 타고 떠나는 걸 보았네.

그라티아노도 함께 떠났지.

그런데 로렌초는 그 배에 분명 없었네.

솔레이니오 그 악랄한 유대놈이 고함을 치며 공작님*을 깨워,

공작님은 그와 함께 바사니오의 배를 수색하러 갔었네.

살라리노 그는 너무 늦게 왔지, 배는 이미 출항했어.

하지만 그곳에서 공작님은 로렌초와 사랑스러운 제시카가

곤돌라에 함께 타는 걸 누군가 봤다는 사실을 알아냈다네.

* 상업 도시 베니스는 공화정적 질서를 배경으로 공작은 법과 질서, 상인의 자유, 시민권
문제 등을 다루는 법의 수호자이며 갈등의 조정자 역할을 함.

게다가 안토니오는 공작님에게 증언했지.

그들은 바사니오의 배에 함께 있지 않았다고.

솔레이니오 나는 그렇게 혼란스럽고 기묘하게, 난폭하고

변덕스럽게 내지르는 격정을 들어 본 적이 없다네.

그 개 같은 유대놈이 거리에서 폭발한 감정 말이야.

"내 딸! 오, 내 금화! 오, 내 딸!

기독교도와 도망을 쳤어! 오, 내 기독교도 금화!

정의여! 법이여! 내 금화와 내 딸!

다카트가 든 봉인된 자루 두 개,

그리고 다카트보다 두 배나 비싼 금화 한 자루

그것들을 내 딸이 훔쳐 갔다고!

그리고 보석들, 두 개의 보석, 값비싸고 귀한 보석 두 개를,

내 딸이 훔쳐 갔어! 정의여! 딸년을 찾아내라,

그 애가 보석과 금화를 가지고 있다고!"

살라리노 이런, 베니스의 모든 아이들이 그를 따라다니며,

그의 보석, 그의 딸, 그리고 그의 금화를 외치고 있다네.

솔레이니오 착한 안토니오는 돈 갚는 기한을 꼭 지켜야 할 거야.

그렇지 않으면 이 모든 대가를 그가 치르게 될 테니.

살라리노 그거 잘 기억해 냈군.

어제 프랑스인과 이야기를 나누었는데,

그가 말하길, 프랑스와 영국을 가르는 좁은 바다에서

우리나라 배 한 척이 침몰했다네.

귀한 물건을 가득 실은 배였다고.

그 말을 듣자 안토니오가 생각났다네,

그의 배가 아니기를 속으로 바랐지만.

솔레이니오 자네가 들은 것을 안토니오에게 말해 주는 게 좋겠네.

하지만 갑작스레 말하지는 말게, 그가 슬퍼할 수도 있으니.

살라리노 안토니오만큼 친절한 신사는 이 세상에 없어.

나는 바사니오와 안토니오가 헤어지는 것을 보았네.

바사니오는 그에게 빨리 돌아오겠다고 말했고,

그는 대답했지.

"그러지 말게. 나 때문에 일을 허술하게

처리하면 안 되네, 바사니오.

시간이 무르익을 때까지 잘 기다려 처리하게.

그리고 그 유대인이 내게서 받아 간 증서는,

신경 쓰지 말고 자네 사랑에만 신경 쓰게.

즐겁게 지내게. 자네의 모든 정신은

구애를 위해, 자네에게 마땅히 어울릴 만한

아름다운 사랑의 표현들에만 쏟게나."

그리고 바로 그때, 그의 눈은 눈물로 가득했지.

얼굴을 돌리더니 한 손으로 바사니오를 감싸며,

놀랍도록 깊은 애정을 담아 그의 손을 힘주어 잡았네.

그렇게 그들은 헤어졌어.

솔레이니오 안토니오는 바사니오만을 위해

이 세상을 사랑하는 것 같군.

부디, 우리 가서 그를 찾아보고

그를 감싸고 있는 슬픔을 덜어 주세.

우리가 즐거움을 불어넣어 주자고.

살라리노 그렇게 하세.

[모두 퇴장]

9장

___

벨몬트. 포셔의 방.

네리사와 하인 등장.

네리사 빨리, 빨리, 제발 서둘러 휘장을 열거라.

　아라곤 왕자께서 맹세를 하셨고,

　이제 곧 선택을 하러 오신다.

나팔 소리, 아라곤 왕자와 그의 시종들, 그리고 포셔 등장.

포셔 보십시오, 저기에 상자들이 놓여 있습니다, 고귀하신 왕자님.

　만일 저를 담고 있는 상자를 선택하신다면,

　즉시 저희의 결혼식이 거행될 것입니다.

　하지만 실패하신다면, 더 이상 말씀 없이

　즉시 이곳을 떠나셔야만 합니다.

아라곤 나는 맹세로써 세 가지를 지키도록 명령받았소.

첫째, 내가 어떤 상자를 선택했는지 누구에게도 말하지 말 것.

둘째, 만일 내가 올바른 상자를 선택하지 못한다면,

평생토록 어느 처녀에게도 결혼하자고 구애하지 말 것.

셋째, 만일 내가 선택의 운이 나쁘다면,

즉시 당신을 떠나는 것입니다.

포셔 이러한 금지령에 모든 사람들이 동의하죠.

무가치한 저를 위해 운을 시험하러 오는 모든 사람들이 말예요.

아라곤 그래요, 나도 그랬소. 이제 운명이

내 마음이 바라는 곳으로 끌고 가길!

금과 은, 그리고 하찮은 납이 있군요.

"나를 택하는 자, 가진 모든 것을 바치고 걸어야 하리라."

내가 모든 것을 걸기 전에 납 상자 너는

좀 더 아름다워 보여야 할 것이다.

자, 금 상자는 무엇이라고 말하는가? 어디 보자.

"나를 택하는 자, 많은 사람들이 바라는 것을 얻으리라."

많은 사람들이 바라는 것이라? 그 '많은 사람'이란

겉모습으로 선택하는, 어리석은 대중을 의미하는 것일 수 있다.

그저 어리석은 눈이 가르쳐 주는 것 이상을

배우지는 못하는 이들이리라.

그들은 내부를 들여다보지 않고, 마치 제비처럼

바깥쪽 비바람이 들이치는 곳에 둥지를 틀지.

우연과 재난이 몰아치는 한복판에 말이야.

나는 많은 사람들이 바라는 것을 선택하지 않으리라.

왜냐하면 나는 평범한 정신들과 합류하여

나 자신을 야만적인 군중들과 같은 반열에 두고 싶지 않으니까.

그렇다면, 너, 은의 보물창고여,

네가 지닌 글귀를 다시 한번 내게 말해 보라.

"나를 택하는 자, 자기가 받을 자격이 있는 만큼 얻으리라."

이건 잘한 말이로구나. 왜냐하면 아무도 감히

운명을 속이고, 자신의 가치에 대한 증명도 없이

존경받으려 할 수는 없기 때문이로다. 아무도

자격 없이 존엄함을 얻을 수는 없을 것이다.

아, 지위와 계급과 관직 들이

부정하게 물려받는 것이 아닌, 맑은 명예를 지닌 자의

자격으로 인해 얻어진다면 얼마나 좋을까!

그렇다면 얼마나 많은 사람들이 옷을 벗게 될까?

얼마나 많은 사람들이 명령을 내리다가 명령을 받는 위치가 될까?

그렇게 되면 얼마나 많은 천한 백성들이

명예의 진정한 씨앗으로 골라져 나올 것인가?

그리고 얼마나 많은 명예가 시대의 쭉정이와 폐허에서 골라져

진정 새롭게 빛을 받을 것인가?

좋다, 자, 이제 나의 선택으로 돌아가자.

"나를 택하는 자, 자기가 받을 자격이 있는 만큼 얻으리라."

나는 자격이 있다고 믿으니 이를 취하겠다.

나에게 은 상자의 열쇠를 다오.

즉시 여기에서 나의 운명을 열어 주오.

[그가 은상자를 연다.]

포셔 고작 그 안에서 발견한 것 때문에 이렇게 오래 망설일 일은 아닌

데요.

아라곤 이게 뭐지? 눈을 껌벅거리며 내게 쪽지를 내미는

바보의 초상화라니. 쪽지는 읽어 봐야겠지.

그러나 너 바보의 모습은 포셔와 너무나도 다르구나!

내 희망과 내가 받을 자격과 너무나도 다르구나!

"나를 택하는 자, 자기가 받을 자격이 있는 만큼 얻으리라."

내가 바보 머리 이상의 것을 받을 자격이 없다는 말인가?

이것이 내가 받을 상이라고?

내가 이보다 더 나은 것을 받을 자격이 없단 말인가?

포셔 화를 내며 못 받아들이는 것과

제대로 판단하는 것은 전혀 다른 일입니다.

서로 반대되는 성격이지요.

아라곤 이게 뭐지?

불이 일곱 번 시험했으니 가짜가 드러났도다.

일곱 번 검증된 이 판단은

한 번도 틀린 적이 없으니.

겉모습만 보고 선택하는 자들아,

그런 자들은 헛된 기쁨만을 얻을 뿐.

분명히 세상에는 은으로 도금된 바보들이 살아 있고,

이 은 상자도 바로 그런 것이다.

아무 여자나 아내로 맞이하거라,

이 바보 머리가 언제나 네 머리가 되어 주리.

그러니 썩 물러가라. 너는 실패했다.

여기서 더 머물수록

나는 더 바보로 보이리라.

바보 머리 하나를 가지고 구혼하러 왔는데,

둘을 가지고 떠나가는구나.

안녕, 사랑이여! 나는 맹세를 지키리라,

참을성 있게 내 분노를 견디리라.

[아라곤이 그의 일행과 함께 퇴장]

포셔 결국 촛불이 나방을 태워 버렸구나.

　　오, 이 신중한 바보들이여!

　　뭔가를 선택할 때면, 똑똑한 척하다가

　　결국 그 재치로 일을 망치지.

네리사 옛말이 역시 틀린 게 아니네요.

　　죽음과 혼인은 운명의 소관이라 하지 않습니까?

포셔 자, 커튼을 쳐라, 네리사.

전령 등장.

전령 아씨, 어디 계십니까?

포셔 여기 있다. 무슨 일이냐?

전령 아씨, 문 앞에 젊은 베니스인이 도착했습니다.

　　그는 자신의 주인이 곧 올 것을 알리려고 먼저 온 자로서,

　　그 주인으로부터 정중한 인사를 가져왔습니다.

　　정중한 인사말 외에 값진 선물까지도요.

　　사랑의 사절로는 가장 그럴듯한 사람입니다.

　　마치 4월의 어느 하루가 다가올 여름의 화려함을 예고하듯

이 젊은이가 주인을 대신해 먼저 온 것 같은 느낌이지요.

포셔 그만하라, 제발. 잠시 후에 그가 너의 친척이라고 말할까 봐
　　 걱정이 될 정도로다.
　　 그를 칭찬하는 너의 재치가 참으로 화려하구나.
　　 서둘러, 네리사, 나는 그토록 예의 바르게 온
　　 발 빠른 큐피드의 전령을 보고 싶어 못 견디겠으니.

네리사 바사니오여, 사랑의 신이여, 당신 뜻대로 되기를!

[퇴장]

3막

1장

베니스. 거리.

솔레이니오와 살라리노 등장.

솔레이니오 리알토에 무슨 소식이 있나?

살라리노 아직도 거기선 떠도는 얘기라네.

안토니오의 값진 화물이 실린 배 한 척이

좁은 바다에서 난파됐다는 거야.

듣기로 굿윈이라는 곳이라던데,

아주 위험하고 치명적인 모래톱이지.

수없이 많은 큰 배들이 거기 뼈만 남은 채 묻혀 있다고들 하거든.

물론 내게 소문을 전해 준 수다쟁이 아주머니가 정직한 여인네라

면 말이지.

솔레이니오 그녀가 생강을 씹으며 잡담이나 늘어놓고

세 번째 남편이 죽어서 울었다는 말을 이웃들이 믿게 만든

거짓말쟁이인만큼, 나는 이 일에 대해서도 그러기를 바라네.
하지만 장황하게 늘어놓지도 않고, 쓸데없이 돌려 말하지도 않고,
단도직입적으로 말하건대, 불행히도 그것은 사실일세.
우리 착한 안토니오, 성실한 안토니오, 아, 그 이름에 어울릴 만한
존칭이 하나라도 있다면!

살라리노 자, 이제 문장을 끝내게.

솔레이니오 아, 뭐라고? 그래, 결론은 안토니오가 배 한 척을 잃었다는
거지.

살라리노 제발 그것이 그의 불행의 끝이 되길 바랄 뿐이네.

솔레이니오 나도 '아멘'이라고 빌겠네, 악마가 내 기도를 방해하기 전에.
그런데 악마가 저기 오고 있군. 유대인의 모습으로 말이야.

샤일록 등장.

어이, 샤일록. 장사꾼들 사이에 무슨 소식이라도 있나?

샤일록 당신들이 제일 잘 알았지, 누구보다 더 잘 알았어, 내 딸이 도
망간 걸.

살라리노 그건 확실하지. 난 그녀가 달아날 때 입은 '날개'를 만들어
준 재단사를 알지.

솔레이니오 그리고 샤일록 당신도 나름 알았겠지.
그 새가 이미 날 준비가 되어 있었단 걸.
결국 새들은 다 자라면 어미를 떠나는 게 당연한 이치네.

샤일록 그 녀석은 저주받을 거야.

살라리노 그건 확실해, 만약 악마가 그녀의 판사라면.

샤일록 내 살과 피가 반역을 하다니!

솔레이니오 으휴, 이 썩어 빠진 늙은 고깃덩이 양반아, 그 나이에 반역
을 하다니.

샤일록 내 살과 내 피라고 한 건 내 딸을 말한 것이오.

살라리노 당신의 살과 당신 딸의 살은 흑단과 상아만큼 차이가 크고,
당신의 피와 당신 딸의 피는 레드 와인과 라인강 지역의 백포도주
만큼이나 달라. 그나저나 말해 보게, 안토니오가 바다에서 무슨 손
해라도 입었다던가?

샤일록 또 한 번의 꼴 사나운 일이 벌어졌죠.

파산자, 방탕아, 리알토에 얼굴조차 내밀지 못하는 겁쟁이지.

시장에서 잘난 체하더니 거지꼴이지. 그가 바로 안토니오요.

자신의 채권 증서나 잘 지켜보라고 하시오.

그는 늘 나를 고리대금업자라 불러 대지 않았던가?

좋아요, 이제 자기 채권 증서를 잘 보라고 하시오.

그는 기독교적 자비라며 잔뜩 폼을 잡고 돈을 빌려주곤 했죠.

그래요, 하지만 이제는 채권 증서를 걱정하며 살아야 할 거요.

살라리노 뭐, 만약 그가 채무를 못 갚는대도,

당신 정말로 그의 살을 뜯어 가진 않겠지! 그걸 어디다 쓰겠나?

샤일록 물고기 미끼로 쓰려고 그러오. 다른 데는 아무 쓸모가 없어도,

내 복수심만은 채워 줄 거요. 그는 나의 체면을 깎아내렸고

나에게 50만 다카트의 손해를 끼쳤소. 내 손실을 비웃었고,

내 이익을 조롱했으며, 내 민족을 멸시했고, 내 거래를 방해했소.

내 친구들과의 관계를 식게 했고, 내 적들을

득의양양하게 만들었지.

그가 그런 이유가 뭘까요? 내가 유대인이라는 이유 때문이죠.

유대인에게는 눈이 없소? 유대인에게는 손도 장기도 없소?

몸뚱이도, 감각도, 사랑과 정열도 없냐고요?

같은 음식을 먹고, 같은 무기에 상처 입고, 같은 병에 걸리며,

같은 치료를 받지 않나요? 겨울엔 춥고 여름에 더운 게

기독교인과 뭐가 다르죠? 우리를 찌르면 피가 안 흘러요?

우리를 간지럽히면 안 웃냐고요?

우리에게 독약을 먹이면요? 안 죽나요?

그리고 만약 당신들이 우리한테 잘못을 한다면,

우리가 복수하지 않을까요?

우리가 다른 모든 점에서 당신네와 비슷하다면,

이 점에 있어서도 당신들을 닮을 거요.

유대인이 기독교인을 해치면 기독교인은 겸손하게 뭘 할까요?

복수를 하죠. 기독교인이 유대인을 해치면요?

기독교인을 본받아 인내하면서 뭘 할까요? 역시 복수죠!

당신들이 내게 가르친 악행을 나는 실행할 거요.

쉽지는 않겠지만 배운 것보다 더 잘 실천해 보이리다.

안토니오가 보낸 사람 등장.

하인 신사님들, 안토니오 주인님이 집에서 두 분을 뵙고자 하십니다.

살라리노 우리는 여기저기 그를 찾아다녔다네.

투발 등장.

솔레이니오 또 한 명의 유대인이 오는군. 세 번째까지 보려면 악마가
직접 유대인으로 둔갑해야 할 거야.

[솔레이니오, 살라리노, 하인 퇴장]

샤일록 자, 투발, 제노바에서 무슨 소식이라도 있나?
내 딸은 찾았는가?

투발 그녀를 봤다는 소문이 있는 곳에 가 봤지만 찾지는 못했어요.

샤일록 허, 저런 저런, 정말이지, 다이아몬드 하나가 얼만 줄 아나?
프랑크푸르트에서 내가 2천 다카트 주고 산 거였어!
이런 저주는 이제까지 우리 민족한테 떨어진 적이 없었지,
지금까지 내가 느껴 본 적이 없다고.
그 다이아몬드는 2천 다카트고,
그리고 다른 귀중한 보석들은 또 얼마인가!
내 딸이 내 발치에서 죽어 침대에 누워 있고,
그 귀에 보석이 박혀 있다면 좋겠구나. 내 발치 관에 누워 있고,
그 관 속에 다카트가 들어 있기를 바라네.
그 보석들 소식이 없다니 도대체 알 수가 없구나.
찾는 데 돈이 얼마나 들었는지도 모르겠어.
아, 정말 손실 중에 손실이로구나!

도둑은 그렇게 많은 것을 가지고 도망쳤고,
도둑을 찾으려면 또 많은 것을 써야 하고, 그런데
만족도 없고 복수도 없고 불운은 죄다 내 어깨 위로만 떨어지네,
내 숨은 오직 한숨이요, 흐르는 것은 내 눈물뿐이로다.

투발 하지만, 다른 사람들도 불운을 겪지요. 안토니오 말입니다.
제가 제노바에서 듣기로는….

샤일록 뭐, 뭐? 불운? 불운이라고?

투발 트리폴리스에서 오는 안토니오의 대형 상선 한 척이 난파되었다
합니다.

샤일록 하나님 감사합니다, 하나님 감사합니다! 정말이냐, 정말이더냐?

투발 네, 난파된 배에서 살아남은 선원 몇 명과 이야기를 나눈걸요.

샤일록 고맙다, 착한 투발! 좋은 소식이야, 정말 좋은 소식!
하하, 제노바에서 들었다고?

투발 제노바에서 들은 또 다른 소식은 따님이 하룻밤 만에 80다카
트를 썼다고 합니다.

샤일록 자네가 내 가슴에 단검을 꽂는군.

난 내 금을 다시 보지 못하겠지. 한 번에 80다카트라니,
80다카트!

투발 제노바에서 저와 함께 베니스로 온 안토니오의 채권자들이 몇
명 있어요. 그들이 그러는데 맹세코 안토니오는 파산할 수밖에 없
답니다.

샤일록 정말 기쁘군! 내가 그를 괴롭혀 줄 테다,
내가 그를 고문해 줄 거야. 정말 기뻐!

투발 그들 중 한 명이, 따님이 원숭이 한 마리와 맞바꿨다는
반지를 제게 보여 주더군요.

샤일록 이런 끔찍한! 투발, 너 지금 날 고문하는 거냐.
그건 내가 총각이었을 때 레아한테서 받은 터키석 반지란 말이다.
원숭이를 떼로 준대도 바꾸지 않을 보물인데!

투발 하지만 안토니오는 확실히 망했습니다.

샤일록 그래, 그건 사실이지. 정말 정말 사실이야. 가거라, 투발.
집행관에게 보수를 주게나. 2주 전에 미리 연락해 놓아야지.

안토니오가 기한을 어기면 나는 그의 심장을 가질 것이다.
그가 베니스에서 사라지면 내가 원하는 대로 장사할 수 있을 거야.
가거라, 투발. 그리고 우리의 회당에서 만나자. 가거라, 착한 투발,
우리 유대교 회당에서 만나자고!

[퇴장]

2장

벨몬트. 포셔의 방.

바사니오, 포셔, 그라티아노, 네리사 및 그들의 시종들 모두 등장.

포셔 부탁하건대, 하루이틀만 더 기다려 주세요.

당신이 혹시라도 잘못 선택하면 나는 당신을 잃게 되니,

잠시만 참아 주세요. 무언가가 제게 말해요.

(사랑은 아니지만) 당신을 잃고 싶지 않다고요.

미워한다면 이런 말은 하지 않겠죠.

하지만 당신이 저를 잘 이해하지 못할까 봐서요,

처녀는 생각만 하고 말을 하지 않는 게 좋다는 걸 알지만,

저는 당신이 저를 위해 모험을 하기 전에

당신을 한두 달 정도 여기에 붙잡아 두고 싶어요.

어떻게 선택하면 되는지 가르쳐 줄 수 있지만, 그렇게 하면

저는 맹세를 어기는 것이겠죠. 결코 그럴 순 없습니다.

그러니 당신은 저를 놓칠지도 모르지요.

하지만 만약 당신이 저를 놓친다면, 저는 죄를 짓고

싶을 거예요. 맹세를 어겼더라면 하고요.

당신의 눈이 미워요. 그 눈이 저를 사로잡았고 저를 갈라 놓았죠.

제 반쪽은 당신 것이고, 나머지 반쪽도 당신 것입니다.

아니, 제 것이라고 말해야겠죠. 하지만 제 것이라면 곧 당신 것이고,

그렇게 모두 당신 것입니다. 오, 이 고약한 시절은

소유자와 소유할 권리 사이에 장애물을 놓는군요!

나는 이미 당신 것이지만 운명이 방해하면 당신 것이 아니죠.

만약 그렇게 되면, 그건 제 탓이 아니라 운명의 탓이에요.

그러니 지옥에는 운명이나 가라지요.

제가 너무 길게 이야기하죠. 하지만 이것은 시간을 끌고,

늘이고, 길게 빼서, 당신이 선택하는 것을 막으려는 것입니다.

바사니오 내가 선택하게 해 주시오.

이대로는 내가 고문대 위에 있는 것만 같소.

포셔 고문대 위에 있다니, 바사니오! 그렇다면 자백하세요.

당신의 사랑에 어떤 반역죄라도 섞여 있나요?

바사니오 오직 불신이라는 추악한 반역만이

마음 놓고 사랑을 누리는 걸 두렵게 만들겠죠.

내 사랑과 반역은 함께할 수 없소,

차라리 눈과 불 사이에 우정과 생명이 있을지언정.

포셔 그래요. 하지만 당신이 고문대 위에서 말하고 있다니 두렵네요.

　고문 당하는 사람은 억지로 무슨 말이든 하게 되니 말입니다.

바사니오 나를 살게 하겠다고 약속해 주시오. 그러면 진실을 고백하

　리다.

포셔 그렇다면 고백하세요. 살아남으실 거예요.

바사니오 "고백하고 계속 사랑하는 것!"

　이것이 바로 내 고백의 전부죠.

　오, 행복한 고통이여, 나의 고문자인 당신이

　나에게 구원의 답을 주는군요.

　이제 나의 운명과 함께 상자들 앞에 서게 해 주시오.

포셔 자, 그렇다면 가세요! 저는 그 상자들 중 하나에 갇혀 있습니다.

　당신이 저를 사랑한다면, 저를 찾아낼 것입니다.

　네리사와 나머지 사람들, 모두 멀리 떨어져라.

　그가 선택하는 동안 음악을 울려라.

　그가 실패한다면, 백조가 노래하며 죽음을 맞이하는 것이다.

　좀 더 잘 비유하자면 내가 흘리는 눈물은 강물 되어

　그의 죽음의 침상이 될 것이다.

　그가 이길 수도 있겠지.

그렇다면 음악은 무엇이 될까? 그때 음악은

팡파르와 같을 것이다.

마치 충신들이 새로 왕위에 오른 군주에게 절할 때

울리는 음악. 그것은 또한

새벽녘의 달콤한 소리와 같을 것이다.

꿈꾸는 신랑의 귓가에 스며들어

결혼식으로 그를 데려갈 소리.

이제 그가 간다.

트로이 사람들이 울부짖으며 바치던 처녀 제물을

어린 헤라클레스가 구해 냈을 때보다 더 큰 위엄으로,

그러나 훨씬 더 큰 사랑으로

그렇게 간다.

내가 그 처녀 제물이다,

멀리 떨어져 있는 나머지 사람들은 트로이의 아낙들이고.

흐릿한 얼굴로 나와 그 공적의 결과를 지켜보고 있도다.

가세요, 헤라클레스여!

당신이 살면, 나도 삽니다. 나는 싸우는 당신보다

훨씬 더 철렁거리는 가슴으로 싸움을 지켜봅니다.

바사니오가 상자들을 보며 혼잣말을 하는 동안 노래가 흐른다.

말해다오, 헛된 사랑은 어디서 태어나는가,

가슴인가, 머리인가?

어떻게 생겨나고, 어떻게 자라나나?

대답해, 대답해.

그것은 눈에서 태어나고,

바라봄으로써 커지며,

누워 있던 요람에서 죽는다네.

그러니 모두 함께 가짜 사랑의 장례 종을 울리자.

내가 먼저 시작하지, 딩동댕.

딩, 동, 댕.

바사니오 외양의 화려함은 가장 본질과 거리가 멀 수 있도다.

세상은 늘 꾸밈에 속는다.

법정에서는, 아무리 더럽고 부패한 변론이라도

듣기 좋은 목소리로 양념을 치면,

악의 모습을 가리지 않는 것이 있던가?

종교에서는, 어떤 저주받을 잘못이라도

근엄한 표정으로 축복하면

경전으로 인정되지 않던가?

추악함을 아름다운 장식으로 숨기면서 말이다.

아무리 단순한 악덕이라도

겉으로는 약간의 미덕의 모습을 띠고 있다.

얼마나 많은 겁쟁이들이

심장은 모래로 쌓은 계단에 불과하면서도

턱에는 헤라클레스와 찡그린 마르스*의 수염을 달고 다니는가?

속을 들여다보면 우유처럼 겁 많은 하얀 간을 가졌으면서도,

용기의 껍데기만으로 사람들을 두렵게 하고 있는가?

아름다움을 보라.

그것은 걸친 것이 많은 데서 온 것임을 볼 것이다.

그것은 자연 속에서 기묘한 기적을 일으키니,

가장 많은 장식을 지니면 오히려 가장 가볍게 보이는 법이다.

구불구불 뱀처럼 뒤엉킨 황금빛 머리칼도 그렇다.

바람과 장난스럽게 뛰노는 그 머리칼은

겉보기엔 아름다워 보이지만,

사실 무덤 속 해골에서 길러진 죽은 자의

머리로부터 딸려 온 것일 뿐이다.

이렇듯 장식이란, 가장 위험한 바다를 숨기는

기만적인 해안과도 같다.

아름다운 스카프가 인도 미녀의 검은 얼굴을 가려 주듯,

요컨대 그것은 교활한 시대가 가장 현명한 이들을 속이려는

겉모습의 진실일 뿐이다.

그러므로 너 화려한 금이여,

* 로마 신화에 나오는 전쟁의 신.

미다스*에게도 먹지 못하는 딱딱한 음식일 뿐인 너를

나는 원치 않는다.

또한 너도 원치 않는다. 창백하고 흔한 은,

사람과 사람 사이를 오가는 고된 심부름꾼에 불과한 너.

그러나,

너 초라한 납이여,

무엇인가 약속하기보다는 오히려 위협하는 너의

창백함이 웅변보다 나를 더 감동시킨다.

이것을 나는 선택하노니, 기쁨이 그 결과이기를!

포셔 (혼잣말) 다른 모든 감정들은 어떻게 허공으로 사라지는가.

의심스러운 생각과 성급하게 껴안았던 절망,

몸서리치는 두려움과 질투심 같은 감정들 말이다.

오, 사랑이여, 절제해 다오. 너의 황홀경을 진정시키고,

기쁨을 적당히 내려다오. 이 넘침을 줄여다오!

나는 너의 축복을 너무 많이 느끼고 있다. 조금만 덜어다오.

넘쳐 탈이 날까 두렵구나.

바사니오 여기 무엇이 들어 있는가? (납 상자를 연다.)

* 그리스 신화에 나오는 소아시아의 왕. 손에 닿는 모든 것을 황금으로 변하게 하는 힘이 있다. 심지어 먹으려는 음식까지도 말이다.

아름다운 포셔의 초상화로구나! 어떤 반신이 이렇듯

완전한 창조에 가까울 수 있단 말인가?

이 눈동자가 정말 움직이는 것인가?

아니면 내 눈에 비쳐서 움직이는 것처럼 보이는 것인가?

여기 갈라진 입술이 있네. 달콤한 숨결이 그 사이에서 흘러나와,

마치 두 다정한 벗을 갈라놓는 장벽 같구나.

여기 그녀의 머리칼,

화가는 거미가 되어 황금빛 그물을 짜 놓았구나.

그 그물은 각다귀가 거미줄에 걸리는 것보다 더 빨리

남자들을 단번에 사로잡아 버린다.

하지만 그녀의 눈은 어떤가!

화가가 어떻게 그것들을 보고 그렸을까? 눈 하나를 완성한 후에,

그 눈이 화가의 두 눈을 훔쳐갔을 텐데.

눈이 없어진 화가가 어찌 그림을 그렸을까.

하지만 보라, 내가 이 초상화에 보내는

찬사가 실물에 미치지 못하니,

초상화는 실제에 비하면 얼마나 불완전한가?

여기에 두루마리가 있구나.

내 운명의 내용이자 요약이로다.

　　겉모습을 보고 선택하지 않은 그대,

　　운명은 공평하고 선택은 진실하도다!

행운이 그대에게 돌아갔으니,

만족하고 새로운 것을 찾지 말라.

이 결과에 만족하고,

그대의 행운을 축복으로 여긴다면,

그대의 연인이 있는 곳으로 가서,

사랑의 입맞춤으로 그녀를 차지하라.

다정한 두루마리로군. 아름다운 아가씨, 허락해 주오.

(그녀에게 입맞춤한다.)

나는 이 메시지를 통해 내 것을 주러 왔고, 받을 것도 있소.

마치 상을 두고 경쟁하는 두 사람 중

보는 사람들 눈에 자신이 잘했다고 생각하고,

박수와 모두의 환호성을 들으면서도,

정신이 혼미하여 여전히 의심 가득한,

저 칭찬의 소리가 자기 것인지 아닌지 살피는 그런 자,

그렇게, 세 배로 고운 그대여, 나 또한 그러한 상태로 서 있소.

내가 보는 것이 진실인지 의심스럽소.

당신이 확실히 그렇다고 해 줄 때까지는 말이오.

포셔 바사니오 님, 당신은 제가 서 있는 모습을 보십니다.

제 있는 그대로의 모습이에요. 비록 저 자신만을 위해서는

더 나은 사람이 되고파 욕심부리지 않겠지만, 당신을 위해서는

저는 자신을 스무 배를 세 곱절 늘려,

천배 더 아름답고, 만배 더 부자가 되고 싶어요.

오직 당신의 마음에 높이 자리하기 위해,

덕과 미모, 재물, 친구가

헤아릴 수 없이 풍족하길 바랍니다.

하지만 저라는 존재는

전부를 합친다 해도, 간단히 말하면,

가르침도 못 받고, 교육도 못 받고, 경험도 없는 소녀일 뿐입니다.

그러나 다행히도 아직 너무 늙지 않아

배울 수 있습니다. 더 다행인 것은,

못 배울 정도로 아둔하게 태어나지 않았다는 거죠.

그 모든 것 중 가장 행복한 것은, 온순한 저를

당신께 맡겨 당신의 인도를 받고 싶어 한다는 것입니다.

당신을 제 주인이자, 인도자이자, 임금으로 여기며 말이지요.

저 자신과 저의 모든 것은, 이제 당신에게로 가 당신의 것으로

바뀌었습니다. 방금 전까지만 해도

저는 이 아름다운 저택의 주인이었고, 제 하인들의 주인이었으며,

저 자신의 여왕이었습니다.

그리고 바로 지금, 이 순간,

이 집, 이 하인들, 그리고 바로 제 자신까지 모두

당신의 것, 제 주인의 것입니다.

이 모든 것을 이 반지와 함께 드립니다.

이 반지를 당신이 버리거나, 잃어버리거나, 남에게 준다면,
그것은 당신의 사랑의 파멸을 예고하는 것이며
저에게 당신을 비난할 구실을 주는 것입니다.

바사니오 아가씨가 제게서 모든 말을 앗아 갔어요.
오직 저의 핏줄 속에서 흐르는 피만이 당신께 말하오.
지금 제 능력은 혼란스러워서,
마치 사랑받는 군주가 훌륭한 연설을 마쳤을 때,
즐거움에 떠들썩한 군중 속에서 모든 것이 뒤섞여
말로 표현되지 않는 기쁨만이 남아 있는 것과도 같소.
하지만 이 반지가 내 손가락에서 떨어져 나간다면,
내 생명 또한 이 자리에서 떨어져 나갈 것입니다.
그때는 주저하지 말고 '바사니오는 죽었다'고 말해 주십시오.

네리사 저의 주인님과 아씨, 이제 저희 차례입니다.
곁에 서서 바람이 이루어지는 것을 지켜보았으니
이제 기쁨을 외칠 차례입니다. 축하드립니다, 주인님과 아씨!

그라티아노 바사니오와 온화한 아가씨,
당신들이 바랄 수 있는 모든 기쁨을 누리길 비오.
나로부터는 원할 것이 아무것도 없겠지.
다만 둘이 엄숙히 서약을 맺을 때,

나도 함께 식을 올릴 수 있도록 허락해 주길 청하오.

바사니오 진심으로 그렇게 하게, 자네가 아내를 얻을 수만 있다면.

그라티아노 고맙네, 바사니오 경. 자네가 내게 아내를 구해 주었네.
내 눈도 자네 눈만큼이나 재빠르게 볼 수 있었다네.
자네는 주인 아가씨를 보았고, 나는 그 시녀를 보았지.
자네가 사랑했듯, 나도 사랑했지. 사랑에 빠지는 데
뜸 들이는 것은 자네에게 해당되지 않듯, 내게도 해당되지 않지.
자네의 운명이 저 상자에 달려 있었을 때,
내 운명도 마찬가지였네.
땀나도록 구애하고,
사랑의 맹세로 입천장이 바싹 마를 때까지 맹세하여,
마침내 이 아름다운 여인에게서 사랑의 약속을 받아 냈어.
그 약속이 지켜지길 바라는데….
아무튼 자네의 운명이 이 여인의 주인 아씨를
얻는다는 조건 하에서 말이지.

포셔 네리사, 이 말이 사실이냐?

네리사 아씨, 그러합니다. 아씨께서 이 모든 것을 기뻐하신다면요.

바사니오 그라티아노, 자네 진심으로 청혼하는 것이야?

그라티아노 그렇다네, 바사니오 경.

바사니오 그렇다면 우리의 잔치는 자네와 네리사의 결혼으로 더욱 영
　광스러워지겠구나.

그라티아노 우리 1천 다카트를 걸고 누가 첫 아들을 먼저 낳는지 내기
　해 볼까?

네리사 뭐라고요! 돈을 걸고요?

그라티아노 아니, 그런 게임에서는 절대 이길 수 없어요. 돈을 걸 일도
　없고요. 그런데 이게 누구지?
　로렌초와 이교도 숙녀, 나의 옛 베니스 친구 살레리오도!

로렌초, 제시카, 살레리오 등장.

바사니오 로렌초와 살레리오, 여기 오다니 환영하네.
　만약 이곳의 새 주인인 내 아내가
　그대들을 환영할 권한을 준다면 말이야.
　여러분, 모두가 허락한다면

나의 진정한 친구이자 고향 사람들을
사랑스러운 포셔에게 소개하겠소. 환영한다, 친구들.

포셔 저도요, 나의 주인이여.
친구분들 진심으로 환영합니다.

로렌초 부인, 감사합니다. 바사니오 경,
여기서 자네를 보는 것이 본래 목적은 아니었지만
길에서 살레리오를 만났는데,
도저히 거절할 수 없을 정도로 간청하여
함께 오게 되었네.

살레리오 내가 그랬지, 바사니오 경.
그리고 그럴 만한 이유가 있어. 안토니오가
자네에게 안부를 전했거든.

[바사니오에게 편지를 건넨다.]

바사니오 편지를 열어 보기 전에,
내 좋은 친구가 어떻게 지내는지 말해 주게.

살레리오 마음의 병이 아니라면 아픈 것은 아니겠지만,

마음이 편치 않다면 잘 지내는 것도 아니지. 그 편지가
그의 상태를 보여 줄 거야.

[바사니오가 편지를 연다.]

그라티아노 네리사, 저 낯선 여성을 격려하고 환영해 주오.
　살레리오, 악수하자. 베니스 소식은 어떤가?
　고귀한 상인, 좋은 친구 안토니오는 어떻게 지내는가?
　우리의 성공을 그가 기뻐할 거야.
　우리는 이아손이라네, 황금 양털을 얻었으니!

살레리오 잃어버린 황금 양털을 얻은 게 안토니오였다면 좋았을 것을.

포셔 저 편지에는 바사니오의 뺨에서 핏기를 앗아 가는
　몇 가지 불길한 내용이 담겨 있군요.
　사랑하는 친구가 죽었다거나, 그렇지 않고서는 세상의 어떤 것도
　그토록 변함없는 남자를 저토록 바꿔 놓을 수는 없을 거예요.
　뭐람, 점점 더 안 좋아지네요?
　실례지만, 바사니오, 저는 당신의 절반입니다.
　그러니 이 편지가 당신에게 전해 온 모든 것의 절반을
　저는 거리낌 없이 알아야겠습니다.

바사니오 오, 사랑스러운 포서,

이것은 글로 적는 것조차 너무나 끔찍한 소식이오.

고귀한 아가씨, 내가 당신에게 처음 사랑을 고백했을 때,

내가 가진 모든 재산은 내 혈관 속에 흐르는 것이라 했죠.

즉 내가 신사라는 사실 그거 하나라고 솔직하게 말했죠.

그때는 내가 진실을 말했어요. 하지만, 사랑하는 포서,

내가 나 자신을 아무것도 아닌 존재로 평가했다 해도,

이제 보시면 알겠지만, 그 말조차 허세였지요.

내가 당신에게 내 재산이 아무것도 없다고 말했을 때,

사실 아무것도 없는 것보다 더 못하다고 말했어야 했소.

진정으로 나는 형편 때문에 소중한 친구에게 돈을 빌렸고,

그 친구가 단지 적에 불과한 이에게 빚지도록 만들었기 때문이오.

여기 편지가 있어요. 이 종이는 내 친구의 몸과 같고,

그 안의 모든 단어는 생명의 피를 흘리는 벌어진 상처와 같소.

하지만 살레리오, 그것이 사실인가?

그의 모든 사업이 실패했어? 뭐라, 단 하나도 성공하지 못했다고?

트리폴리, 멕시코, 영국에서, 리스본, 바르바리, 그리고

인도에서 출발한 배들 중에서

상인을 다 망하게 하는 그 무서운 암초에 부딪히지 않고

탈출한 배가 단 한 척도 없단 말이야?

살레리오 단 한 척도 없다네.

게다가, 안토니오가 당장 유대인에게 빚을 갚을 현금을 가지고
있다 해도, 그는 그것을 받지 않을 것처럼 보여.
인간의 형상을 하고서 한 사람을 파멸시키는 데
그토록 집요하고 탐욕스러운 생명체를 본 적이 없네.
그는 아침저녁으로 공작에게 매달려,
만약 그들이 자신에게 정의를 거부한다면
나라의 자유를 위협하겠다고 하고 있어.
스무 명의 상인들과 공작, 그리고 주요 항구의 귀족들이
모두 그를 설득했지만,
아무도 그의 담보 몰수, 정의, 그리고 계약이라는
악의적인 주장을 단념시키지 못했다네.

제시카 제가 아버지와 함께 있을 때, 같은 유대인인 투발과 츄스에게
맹세하는 것을 들었습니다.
안토니오에게 빌려준 금액의 스무 배가 되는 돈보다도
안토니오의 살을 더 원한다고 했어요. 저는 압니다.
법, 권위, 그리고 권력이 거부하지 않는다면,
불쌍한 안토니오에게 큰 변이 닥칠 것입니다.

포셔 이렇게 곤경에 처한 분이 당신의 소중한 친구입니까?

바사니오 내게 가장 소중한 친구이며, 가장 친절한 사람이죠.

호의를 베푸는 일에 지칠 줄 모르는 훌륭한 성품을 가졌죠.

오늘날 이탈리아에서 숨 쉬는 누구보다도

고대 로마의 명예를 잘 드러내 보여 주는 사람이라오.

포셔 그분이 유대인에게 빚진 금액이 얼마입니까?

바사니오 나를 위해 3천 다카트를 빚졌소.

포셔 뭐라고요, 그것밖에 안 됩니까?

그에게 6천 다카트를 지불하고, 그 증서를 파기하세요.

6천의 두 배, 그리고 그것의 세 배라도 좋으니 지불해요.

이토록 훌륭한 친구가 바사니오의 잘못으로

머리카락 한 올이라도 잃기 전에 말예요.

먼저 저와 함께 교회로 가서 저를 아내라 부르세요.

그러고는 즉시 베니스로 친구에게 가십시오.

당신의 영혼이 편치 않은 채

포셔의 곁에 눕는 일은 결코 없을 것입니다.

당신은 그 보잘것없는 빚을 스무 배 넘게 갚을 수 있는 금을 가질

것입니다.

빚을 갚고 나면 당신의 진정한 친구를 데리고 오십시오.

그동안 저의 시녀 네리사와 저는

처녀처럼, 또는 과부처럼 지낼 것입니다. 자, 어서 가세요!

당신은 결혼식 날 바로 이곳을 떠나야 합니다.

친구들을 환영하고, 즐거운 기색을 보이세요.

당신은 값비싸게 얻어진 몸이니,

저는 당신을 소중히 사랑할 것입니다.

하지만 먼저 당신 친구의 편지를 제게 들려주세요.

바사니오

사랑하는 바사니오, 내 배들은 모두 난파했고,

채권자들은 잔인해지고 있네.

내 재산은 매우 적고, 유대인에게 써 준 나의 채권 증서는 이제 효력

이 발생되어, 그것을 갚는 과정에서 내가 살아남는 것은 불가능하네.

그러니 내가 죽을 때 자네를 한 번만이라도 볼 수 있다면

자네와 나 사이의 모든 빚은 청산된 것이네.

그럼에도 불구하고, 자네의 뜻대로 하게.

자네의 사랑이 자네를 오도록 설득하지 못한다면,

내 편지 때문에 오지는 말게.

포셔 오, 사랑하는 이여, 모든 일을 서둘러 마치고 떠나세요!

바사니오 당신의 흔쾌한 허락을 받아 떠나게 되었으니,

서둘러 가겠소. 하지만 내가 다시 올 때까지는,

나는 마음 놓고 잠도 못 잘 것이며,

어떤 휴식도 우리 둘 사이에 끼어들지 못할 것입니다.

[모두 퇴장]

3장

———

베니스. 거리.

샤일록, 살라리노, 안토니오, 그리고 간수 등장.

샤일록 간수, 그를 잘 감시해. 나에게 자비에 대해 말하지 마.
  이자가 바로 공짜로 돈을 빌려준 바보야.
  간수, 그를 잘 감시해.

안토니오 마음 좋은 샤일록, 내 말을 좀 들어 보게.

샤일록 나는 증서대로 할 거요, 증서에 반대되는 말은 하지 마시오.
  나는 내 증서대로 하겠다고 맹세했소.
  당신은 이유도 없이 나를 개라고 불렀지.
  하지만 만약 내가 개라면, 나의 송곳니를 조심하쇼.
  공작은 나에게 정의를 내릴 거요.
  놀랍구나, 이 고약한 간수야, 그가 부탁한다고
  밖으로 함께 나오다니 이렇게 어리석을 수가.

안토니오 부탁하건대 내 말 좀 들어 주게.

샤일록 나는 내 증서대로 할 거요, 당신 말을 듣지 않겠소.

　나는 내 증서대로 할 것이니, 더 이상 말하지 마시오.

　나는 기독교인 중재자들에게 머리를 흔들고, 마음이 약해지고,

　한숨 쉬고, 굴복하는 나약하고 눈먼 바보가 되지는 않을 거요.

　따라오지 마시오.

　나는 아무 말도 듣지 않을 거요.

　나는 내 증서대로 할 거요.

[퇴장]

살라리노 저자는 사람들과 어울려 살아온 것 중 가장 고집불통의 들

　개 같은 놈이야.

안토니오 그냥 둬. 나도 이제 더 이상 헛되이

　봐달라고 그를 따라가지 않겠어.

　그는 내 목숨을 노리고 있고, 그 이유를 나는 잘 알아.

　그에게서 빚 청산을 원하며 나에게 찾아와 울부짖던 많은 사람들을

　내가 구해 주었기 때문이지.

　그러므로 그는 나를 증오하는 거야.

살라리노 공작이 자네 살을 가지고 담보 몰수하는 걸 결코 허락하지
않을 거야.

안토니오 공작은 법의 진행을 거부할 수 없네.
왜냐하면 베니스에서 이방인들이 누리는 거래 이익을
만약 거부한다면, 국가의 정의를 크게 손상시킬 거야.
이 도시의 무역과 이익이 만국에서 오기 때문이지.
그러니 가게. 이 슬픔과 손실로 너무 약해져
내일 나의 피에 굶주린 채권자에게 내어 줄
1파운드의 살조차 남아 있지 않을 것 같네.
자, 간수여, 가세. 부디 바사니오가 와서
내가 그의 빚을 갚는 걸 보게 해 주시기를 신께 기도할 뿐이네.
그러면 나는 아무것도 상관없어.

[퇴장]

4장

벨몬트. 포셔의 방.

포셔, 네리사, 로렌초, 제시카, 발타자르 등장.

로렌초 부인, 비록 부인 앞에서 제가 이 말을 드립니다만,

부인은 신성한 우정에 대해 고귀하고 진실된 이해를 갖고 계시네요.

남편이 자리를 비운 것을 이토록 너그럽게 견디시는 모습에서

그 진심이 느껴집니다.

그러나 만약 당신이 이번에 도움을 베푸는 사람이 누구인지,

그가 얼마나 진실한 신사인지, 또 그가 바사니오,

즉 부인의 남편을 얼마나 깊이 아끼는 벗인지 안다면,

부인은 그저 관례적인 선의로 그런 것보다 훨씬 더 큰 자부심을 느

낄 것입니다.

포셔 저는 선행을 베푼 것을 한 번도 후회한 적이 없으며,

지금도 후회하지 않아요.

함께 시간을 보내며 사랑을 나누는 사람들 사이에는,

외모와 성품, 정신까지 서로 닮게 마련이니,
안토니오가 제 남편의 친한 친구라면 반드시
제 남편과 닮았을 거라고 생각합니다. 만약 그렇다면,
제가 그 지옥 같은 잔인함으로부터
제 영혼의 분신을 되찾아 오기 위해 들인 비용은
얼마나 적은 것입니까!
이것은 너무나 제 스스로를 칭찬하는 꼴이군요.
그러니 이 이야기는 그만합시다. 다른 것을 들어 보세요.
로렌초, 저는 저의 주인이 돌아올 때까지
이 집의 살림과 관리를 당신 손에 맡깁니다. 저 자신으로 말하자면,
저는 제 남편과 네리사의 남편이 돌아올 때까지
오직 여기 네리사의 시중만을 받으며 기도와 명상 속에서 살겠다고
하늘에 비밀스러운 맹세를 했습니다.
이곳에서 2마일 정도 떨어진 곳에 수도원이 하나 있는데,
우리는 그곳에 머물 것입니다. 당신을 좋아하고
또 그럴 만한 이유도 있어 당신에게 이 임무를 부과하니
부디 거절하지 말아 주시기를 바랍니다.

로렌초 부인, 진심을 다하여 모든 정당한 명령에 복종하겠소.

포셔 나의 하인들은 이미 내 뜻을 알고 있으며,
　바사니오 경과 나를 대신하여

당신과 제시카를 주인으로 인정할 것입니다.

그러니 우리가 다시 만날 때까지 안녕히 계십시오.

로렌초 아름다운 생각과 행복한 시간들이 당신과 함께하기를!

제시카 귀부인께서 마음의 평안을 얻으시기를 기원합니다.

포셔 당신의 기원에 감사해요. 저도 즐거운 마음으로

당신께 같은 것을 빌어 줄게요. 안녕히 가세요.

[제시카와 로렌초 퇴장]

이제, 발타자르,

나는 네가 항상 정직하고 진실하다는 것을 알았듯이,

앞으로도 계속 그러하기를 바란다. 이 편지를 가지고,

파도바로 속히 달려가, 모든 힘을 다해 이 편지를

나의 사촌, 벨라리오 박사의 손에 전달하도록 해라.

그리고 그가 네게 주는 문서와 의복이 무엇이든 간에,

상상할 수 있는 속도로 그것들을

베니스로 왕래하는 일반 나룻배가 있는 선착장으로 가져오너라.

말로 시간을 낭비하지 말고, 당장 떠나라.

내가 너보다 거기에 먼저 가 있을 것이야.

발타자르 마님, 최대한 빨리 떠나겠습니다.

[퇴장]

포셔 자, 네리사. 넌 아직 모르지만 내가 계획한 게 있어.
　우리의 남편들은 그들이 생각하는 것보다 더 빨리 우릴 보게 될 거야.

네리사 그들이 우리를 본다고요?

포셔 그들이 우리를 볼 것이다, 네리사.
　하지만 우리에게 없는 것을 우리가 갖추었다고
　그들이 생각할 만한 그런 복장과 모습으로 말이야.
　나는 너와 어떤 내기라도 할 수 있어.
　우리가 둘 다 젊은 남자처럼 차려입으면,
　둘 중에 내가 더 예쁜 사내일 거야.
　단검을 멋지게 차고, 갈대 같은 목소리로
　남자와 소년 사이의 목소리 변화를 흉내 낼 거야.
　가볍게 종종 걷던 발걸음은
　남자다운 활보로 바꾸고, 싸움에 대해 이야기할 거야.
　마치 멋진 허풍쟁이 청년처럼 말이야.
　그리고 이상한 거짓말을 지어낼 거야.
　얼마나 고귀한 부인들이 나의 사랑을 원했는지, 그리고

내가 거절하자 그들이 상사병에 걸려 죽었다고 말이야.

나는 어쩔 수가 없었다고 해야겠어. 그녀들이 죽어서 후회한다고.

그녀들이 죽기를 바라지 않았다고 말이야.

그리고 이런 종류의 보잘것없는 거짓말을 스무 가지쯤 지어내서,

사람들이 내가 학교를 중퇴한 지 12개월쯤 되었다고 믿게 만들 거야.

내 머릿속에는 허세 부리는 청년의 천 가지 미숙한 잔꾀가 있으니,

나는 그것들을 연습할 거야.

네리사 왜, 우리가 남자로 변한다는 말인가요?

포셔 에잇, 무슨 질문이래!

그런 말을 오해하는 사람이라도 가까이 있었다면 곤란했을 거야.

하지만 가자, 정원 문에서 우리를 기다리는 마차에 타면

나의 모든 계획을 말해 줄게. 그러니 서둘러 떠나자.

우리는 오늘 20마일을 가야 하니.

[퇴장]

5장

벨몬트. 포셔의 정원.

란슬롯과 제시카 등장.

란슬롯 예, 정말로, 보세요, 아버지의 죄는 자식에게 지워지는 법이므로,

정말로 당신이 걱정됩니다. 저는 항상 당신에게 솔직했고,

그래서 이 문제에 대한 저의 걱정을 말하는 거예요.

그러니 용기를 내세요. 진실로 저는 당신이 저주받을 것만 같아요.

당신에게 도움이 될 수 있는 희망은 단 하나뿐인데,

그것조차 영 변변치 않아서요.

제시카 그 희망이 뭐길래, 응?

란슬롯 음, 당신의 아버지가 당신을 낳지 않았을 수도 있다는 것,

즉 당신이 유대인의 딸이 아닐지도 모른다는 희망요.

제시카 그것이야말로 정말 변변치 않은 희망이로구나.

만약 그렇다면 어머니의 죄까지 내게 돌아올 테니 말이야.

란슬롯 그렇다면 정말로 당신은 아버지와 어머니 양쪽 모두에게서
　　저주받게 될까 봐 걱정이군요. 아버지라는 스킬라를 피하려다
　　어머니라는 카리브디스에 빠지는 격이죠.*
　　뭐, 당신은 양쪽 모두 망했군요.

제시카 나는 남편 덕분에 구원받을 거야. 그가 나를 기독교인으로 만
　　들어 주었어.

란슬롯 정말이지 그분이 더 비난받아 마땅합니다.
　　우리 기독교인은 이미 충분하거든요, 서로 잘 살아갈 만큼 말이에요.
　　그런데 이렇게 돼지고기를 안 먹는 유대인을 기독교도로 만들면
　　고기 값이 오를 거예요.
　　모두가 돼지고기 먹는 기독교인이 되면,
　　돈을 주고도 돼지고기 한 조각 구하기 어려워질 거라고요.

로렌초 등장.

---

* 스킬라와 카리브디스는 그리스 신화 속 바닷가에 사는 암컷 괴물로, 스킬라는 머리가 여
섯 개 달린 괴물이며, 카리브디스는 항해자들에게 치명적인 위협을 가하는 소용돌이를 일
으키는 바다 괴물이다.

제시카 란슬롯, 당신이 한 말을 남편에게 일러 줄 거예요. 저기 남편이
　　　오네요.

로렌초 란슬롯, 네가 이렇게 내 아내를 구석 쪽으로 데려가는 건
　　　나에게 질투심을 불러일으키는구나!

제시카 아뇨, 당신은 우리를 걱정할 필요 없어요, 로렌초.
　　　란슬롯과 저는 싸웠어요. 그는 내가 유대인의 딸이기 때문에
　　　천국에는 나를 위한 자비가 없다고 단호하게 말했죠.
　　　그리고 유대인을 기독교인으로 개종시켜서 돼지고기 값을 올리니,
　　　당신은 이 나라의 좋은 구성원이 아니라고 말하네요.

로렌초 란슬롯, 네가 흑인 여자의 배를 불린 일에 대해 대답하는 것
　　　보다는 이것에 대해서 내가 국가에 더 잘 대답할 수 있을 것이다!
　　　란슬롯, 무어인 여자가 너 때문에 임신했더구나.

란슬롯 정말이지, 그 무어인 여자가 상식 이상으로 배가 불렀다면
　　　정말 이상하군요. 그녀가 정숙한 여성이 아니라면
　　　제 기대보다 대단한걸요!

로렌초 모든 바보가 말장난을 할 수 있다더니! 내 생각엔
　　　재치 있는 말의 가장 좋은 점은 곧 침묵으로 변한다는 것이고,

이런 대화는 앵무새 외에는 아무도 반기지 않지.

이봐, 들어가서 저녁 먹을 준비를 하라고 해라.

란슬롯 그것은 이미 되었습니다, 나리. 그들은 모두 식욕을 가지고 있
습죠.

로렌초 맙소사, 너는 정말 말꼬리를 잘 잡는 놈이로구나!

그렇다면 그들에게 저녁 식사를 준비하라고 전해.

란슬롯 저녁 준비도 이미 되었습죠, 나리. 그저 '차리라'는 말만 하면
됩니다.

로렌초 그럼 네가 '차리라'고 할 것이냐?

란슬롯 아닙니다, 나리. 제가 감히 어떻게 나리 앞에서 모자를 씁니까?[*]

로렌초 또 말 가지고 장난질을 하려는 것이냐!

너의 재치를 한 번에 다 보여 줄 작정이야?

제발 평범한 말을 평범하게 이해해 주렴.

* 원문의 단어 'cover'가 가지는 여러 뜻으로 말장난을 하는 장면이다. 로렌초는 식탁을 차
리라는 뜻으로 'cover'를 말하지만 란슬롯은 모자를 쓴다는 뜻으로 'cover'를 쓰고 있다.

가서 동료들에게 식탁을 차리고, 고기를 내오라고 전해.

그러면 우리가 저녁을 먹으러 들어가겠다.

란슬롯 나리, 식탁은 내올 것이며, 고기는 차려질 것입니다.

나리께서 저녁 식사를 하러 들어가는 건,

음, 그것은 기분 내키는 대로 하십시오.*

[퇴장]

로렌조 오, 절묘한 분별력이여,

저자의 말이 어찌 이리 딱 들어맞는가!

저 바보는 기억 속에 좋은 말을 잔뜩 쌓아 뒀어.

그런데 나는 저 녀석처럼 말재주만 있으면서

더 좋은 지위에 앉아 있는 멍청이들이 많다는 것을 알지.

그들은 재치 있는 말장난 하나 때문에 진짜 중요한 일은

무시해 버리거든. 제시카, 기분은 어떠오?

자, 사랑스러운 이여, 당신 의견을 말해 줘요.

바사니오 경의 부인은 어때 보였소?

---

* 목적어와 술어의 짝을 바꾸어 대답함으로써 나리의 명령을 무너뜨리는 통쾌함을 보여 주는 말장난이다.

제시카 말로 다 표현할 수 없어요.

바사니오 님은 정말 올바른 삶을 사셔야 해요.

그분의 아내가 이토록 축복받은 분이시니,

그분은 이 땅에서 이미 천국의 기쁨을 누리고 계신 거예요.

만약 이 땅에서도 그럴 자격이 없으시다면,

당연히 천국에도 가실 자격이 없겠죠.

생각해 보세요.

만약 두 신이 천상에서 어떤 내기를 한다고 쳐요.

지상의 여인 두 명을 걸고 겨루는데, 한쪽이 포셔라면,

상대는 다른 여인 한 명과

그 외에 또 다른 무언가를 더 걸어야 할 거예요.

이 보잘것없는 세상에는 포셔와 견줄 만한 사람이 없으니까요.

로렌초 그리고 당신도 그런 아내라면, 나도 당신에게 그런 남편이오.

제시카 아뇨, 하지만 그것에 대해서는 제 의견을 물어봐 주세요.

로렌초 곧 그럴게요. 우선 저녁 식사를 하러 가자고요.

제시카 아뇨, 제가 식욕이 있을 때 당신을 칭찬하게 해 주세요.

로렌초 제발, 그건 식사하면서 이야기하자고. 그럼 당신이 뭐라고 하

든, 다른 음식들과 함께 잘 소화시킬 테니까.

제시카 좋아요, 제가 당신을 제대로 보여 드리죠.

[퇴장]

4막

1장

베니스. 법정.

공작, 귀족들, 안토니오, 바사니오, 그라티아노, 살레리오 및

다른 이들 등장.

공작 음, 안토니오 여기에 있는가?

안토니오 예, 공작님, 앞에 나왔습니다.

공작 안타깝군그래. 자네는 돌과 같이 냉혹한 적수,

비인간적인 악당, 동정심이라곤 없고,

단 한 방울의 자비도 없는 자를 상대해야 하니 말일세.

안토니오 공작님께서 저자의 잔혹한 행위를 말리기 위해

애쓰셨다고 들었습니다.

그러나 저자가 완강하게 버티는 이상,

어떠한 합법적인 수단으로도 제가

저자의 악의로부터 벗어날 수 없으니,

저는 저자의 분노에 인내로 맞서면서,

조용하고 차분한 정신으로

저자의 그 극심한 폭정과 분노를

모두 감내할 준비가 되어 있습니다.

공작 누가 가서 유대인을 법정으로 불러오라.

살라리노 문 밖에 대기 중입니다. 곧 들어옵니다, 공작님.

샤일록 등장.

공작 자리를 비켜, 그가 우리 앞에 서게 하시오.

샤일록, 세상 사람들은, 그리고 나 또한 그렇게 생각하는데,

그대가 이 악의적 태도를

판결의 마지막 순간까지 끌고는 가지만,

그때가 되면, 그대의 기이하고 명백한 잔혹성보다

더욱 놀라운 자비와 연민을 보여 줄 것이라고 생각하오.

지금 그대는 이 불쌍한 상인의 살 1파운드라는

벌칙을 요구하고 있지만,

그대는 이 몰수 권리를 포기할 뿐 아니라,

인간적인 온화함과 사랑에 감동하여,

원금의 일부까지도 탕감해 줄 것이오.

최근 잇달아 저 상인에게 몰려든,

최고의 대부호인 황실 상인일지라도

그 무게에 짓눌릴 만큼 큰 손실들을,

당신은 측은하게 바라볼 것이오.

그의 불운은 쇳덩이 같은 가슴이나

부싯돌 같은 거친 마음에서도

연민을 끌어낼 만큼 크니 말이오.

저 상인의 비참한 처지는,

예의범절이라고는 전혀 배운 적 없는

고집불통의 터키인이나 타타르족한테서도

틀림없이 동정심을 이끌어 낼 것이오.

우리 모두는 그대에게서 온화한 답변을 기대하고 있소, 유대인!

샤일록 저는 제 의도를 공작님께 이미 알렸습니다.

그리고 저는 우리의 거룩한 안식일을 걸고 맹세했죠,

제 계약의 권리와 몰수품을 반드시 취하겠다고.

만약 그 권리를 부정한다면, 당신들의 헌장과 이 도시의 자유는

위험에 처하게 될 거요!

당신들은 묻겠지요.

"왜 3천 다카트를 받는 대신, 썩은 고깃덩어리를 원하느냐?"고.

저는 그 질문에 답하지 않을 것입니다.

단지 "그게 제 익살스러운 성미"라고만 할 뿐이죠.

그것으로 답은 된 것 아닙니까?

만약 저희 집에 쥐가 들끓어서,

제가 그걸 없애려고 1만 다카트를 내고 싶다고 하면?

답이 안 되나요, 아직도?

어떤 사람은 입 벌린 돼지머리를 싫어하고,

어떤 사람은 고양이만 봐도 미쳐 버려요.

또 어떤 이는 코 앞에서 백파이프 소리만 들어도

소변을 못 참죠.

애정이라는 것은 열정의 여주인으로, 좋아하거나 싫어하는 대로

우리의 마음을 흔들어 놓기 때문이죠.

그러니 이제 당신들 질문에 대한 제 답은 이것입니다.

누군가 왜 입 벌린 돼지머리를 못 보느냐,

왜 해롭지도 않고 필요한 고양이를 못 견디느냐,

왜 양모 백파이프를 못 참느냐,

이런 것들에 대해서 이성적으로 확실한 이유를 설명할 수 없듯,

그저 어쩔 수 없는 혐오감에 굴복할 뿐이죠.

스스로 불쾌함을 느끼면서도 남에게 불쾌감을 주게 되는 것처럼요.

저도 마찬가지입니다.

안토니오를 향한 제 깊은 증오와 확실한 혐오감,

그것 말고는 다른 이유를 댈 수 없고, 댈 생각도 없소.

그래서 저는 손해를 감수하면서까지 이 소송을 진행하는 것입니다.

이제 답이 되었소?

바사니오 그건 대답이 될 수 없어, 이 냉혈한아.
　당신 몸에 흐르는 잔혹함이 정당화되지 않는다고!

샤일록 나는 내 대답으로 당신을 즐겁게 해 줄 의무가 없소.

바사니오 모든 인간이 자기가 사랑하지 않는 것을 죽이려 드는가?

샤일록 죽이고 싶지 않은 것을
　미워하는 사람이 있단 말이오?

바사니오 모든 죄가 처음부터 미움에서 시작하진 않지!

샤일록 뭐요, 독사가 당신을 두 번 물게 하고 싶소?

안토니오 바사니오, 제발,
　자네가 지금 유대인과 논쟁하고 있다는 사실을 생각하게.
　그건 자네가 해변에 서서
　밀물에게 평소 높이보다 낮아지라고 명령하는 것과 같고,
　이리가 왜 새끼 양 때문에 어미 양을 울게 만들었는지
　묻는 것과 다를 바 없지.

산 위 소나무들이 세찬 바람에 시달릴 때

그 높은 가지를 흔들어 소리 내지 못하도록,

금지하는 것과도 같은 일이지.

이 세상에서 가장 힘든 일을 하는 것과 마찬가지야.

저 유대인의 마음을, 누그러뜨리는 것.

그 마음보다 더 독한 것이 무엇이 있겠는가?

그러니, 부탁하건대,

더 이상의 제안도, 다른 수단도 쓰지 말게.

가장 빠르고 간편한 방법으로

나에게 판결을 내려, 유대인의 뜻대로 하게 해 줘.

바사니오 당신의 3천 다카트 대신 여기 6천 다카트가 있다!

샤일록 설령 6천 다카트의 모든 다카트가

　여섯 개로 나뉘고, 그 나뉜 것이 다시 다카트가 된다 해도,

　나는 그것을 받지 않겠소. 나는 내 증서 계약대로 할 것이오.

공작 자비를 베풀지 않으면서, 어찌 그대 자비를 바라리오?

샤일록 제가 잘못을 저지르지 않았는데,

　어떤 심판을 두려워해야 합니까?

　당신들 가운데 많은 이들이 노예를 샀죠.

당신들은 그 노예를 당나귀나 개, 노새처럼

비천하고 힘든 일에 부리죠.

이는 당신들이 그들을 샀기 때문이오.

제가 당신들에게 이렇게 말하면 어떨까요?

"그들을 풀어 주고, 당신들의 자손과 결혼시키시오.

왜 그들이 짐을 지고 땀을 흘려야 합니까?

그들의 침상을 당신들 것처럼 푹신하게 만들어 주고

그들도 고급 음식을 맛보게 하시오."

그럼 당신들은 이렇게 대답할 것이오.

"그 노예들은 우리의 것이다."

그러니 저도 당신들에게 똑같이 대답하는 것입니다.

제가 그에게 요구하는 살 1파운드는

제가 비싼 값에 산 것이오.

그것은 제 것이며, 저는 그것을 가질 것입니다.

당신들이 이를 거부한다면, 당신들의 법에 큰 부끄러움이오!

베니스의 법령에는 아무런 힘이 없다는 뜻이죠.

저는 판결을 받으려고 여기 있는 것입니다.

판결을 내려 주실 거죠?

공작 나의 권한으로 이 법정을 해산할 수도 있다네.

학식 있는 벨라리오 박사가 오늘 여기 오지 않는다면 말일세.

이 사건에 대해 결정을 맡기려고 내가 불렀지.

살라리노 공작님, 박사님으로부터 편지를 가져온 전령이
파도바에서 막 도착하여 밖에 대기하고 있습니다.

공작 그 편지를 가져오게. 전령을 부르라.

바사니오 기운 내, 안토니오! 용기를 잃지 말게!
자네가 나 때문에 피 한 방울이라도 흘리는 일은 없을 것이야.
그 전에 저 유대인이 내 살과 피, 뼈, 그 외의 모든 것을 가져가지 않
는다면.

안토니오 나는 무리에서 버려진 거세된 숫양이야.
죽음에 가장 걸맞지. 가장 약한 종의 과일이
가장 먼저 땅에 떨어지듯, 나도 그렇게 되게 내버려두게.
바사니오, 자네가 할 수 있는 가장 최선은,
살아서 나의 묘비명을 써 주는 것이야.

네리사가 변호사 서기 복장을 하고 등장.

공작 당신은 파도바의 벨라리오가 보낸 사람인가?

네리사 네, 맞습니다, 공작님. 벨라리오 박사께서 문안 인사 전하셨습
니다.

[편지를 올린다.]

바사니오 왜 그렇게 열심히 칼을 갈고 있나?

샤일록 저 파산자에게서 몰수품을 잘라 내기 위해서요.

그라티아노 잔혹한 유대인이여, 당신의 발바닥이 아니라
　당신의 영혼 위에서 칼을 갈고 있구나.*
　그러나 어떤 쇠붙이도, 어쩌면 사형집행인의 도끼조차도,
　당신 악의의 날카로움에는 미치지 못한다.
　기도마저도 당신에겐 안 통한단 말인가?

샤일록 아니, 당신 따위의 얄팍한 말재주로는 어림도 없소.

그라티아노 오, 저주받아 마땅한 개 같은 놈!
　너 같은 자를 살려 둔다면 정의가 비난받아 마땅하다!
　너 때문에 내 믿음이 흔들리고 있다.
　짐승의 영혼이 인간의 몸속에 스며든다는
　피타고라스의 주장을 믿을 지경이다.

---

* 원문의 '발바닥(sole)'과 '영혼(soul)'이라는 발음이 같은 영어 단어를 가지고 언어유희를
하고 있다.

너의 천박한 개 같은 정신은 사람을 죽여 교수형을 당한
이리를 지배했고, 그 이리의 사악한 영혼은
교수대에서 빠져나와 네 안으로 스며들었다.
네가 부정한 어미의 뱃속에 있을 때 말이다!
네 욕심이 이리처럼 피에 굶주리고, 탐욕스럽기 때문이다.

샤일록 당신이 아무리 욕설을 퍼부어도 내 증서의 계약은 유효하오.
그렇게 큰 소리로 말해 봐야 당신 폐만 상할걸.
당신 지성이나 회복하쇼, 젊은 친구,
치유 불가능한 파멸에 빠지지 않으려면 말이오.
나는 법을 기다리고 있소.

공작 벨라리오에게서 온 이 편지는
젊고 박식한 박사를 우리 법정에 추천하고 있군.
박사, 어디에 있소?

네리사 그는 바로 옆에서 대기하고 있습니다.
공작님께서 받아들일지 답을 기다리고 있습니다.

공작 진심으로 환영하오. 너희 중 서넛은
가서 그를 이 장소로 정중하게 안내하라.
그러는 동안, 법정에선 벨라리오의 편지를 읽을 것이다.

공작님께서 아시다시피, 공작님의 편지를 받았을 때
저는 매우 병이 깊었습니다. 하지만 전령이 도착했을 때,
마침 애정으로 저를 방문한 로마의 젊은 박사 한 명이
저와 함께 있었습니다. 그의 이름은 발타자르입니다.
저는 그에게 유대인과 상인 안토니오 사이에 발생한
논란에 대해 알려 주었습니다. 우리는 함께
여러 책을 검토했고, 그는 저의 의견에 그의 뛰어난
학식(그 위대함은 제가 충분히 칭찬할 수 없을 정도입니다.)을 보태
그 의견을 한층 더 발전시켰습니다. 제가 간청하여
그를 대신 보내게 되었으며, 그가 공작님의 요청을
이행할 것입니다. 그가 나이가 어리다는 것이
그에 대한 존경할 만한 평가를 가로막는
장애물이 되지 않기를 간청합니다. 왜냐하면
저는 그처럼 젊은 육체에 그토록 무르익은 지혜를 가진
사람을 본 적이 없기 때문입니다. 그를 시험해 보시면,
그의 진가가 만천하에 퍼질 테니 공작님의 자비로운 수락에
그를 맡깁니다.

당신들은 박식한 벨라리오가 쓴 편지 내용을 들었소.
그리고 내가 보니, 여기에 그 박사가 도착했군.

포셔가 법학 박사 복장으로 등장.

내게 손을 내밀게. 연로한 벨라리오가 보내서 왔는가?

포셔 그렇습니다, 공작님.

공작 환영하네. 자리에 앉게나.
　지금 이 법정의 현안인 다툼에 대해 잘 알고 있는가?

포셔 저는 이 소송의 원인에 대해 완전히 숙지하고 있습니다.
　여기서 누가 그 상인이고, 누가 유대인입니까?

공작 안토니오와 노인 샤일록, 둘 다 앞으로 나오게.

포셔 당신의 이름이 샤일록이오?

샤일록 샤일록이 제 이름이오.

포셔 당신이 제기한 소송은 참으로 기묘한 성격을 띠고 있소.
　하지만 당신의 집행 절차에 대해
　베니스의 법은 비난하거나 이의를 제기할 수 없소.

(안토니오에게)

당신은 위험한 채무 책임이 있는 것이 맞습니까?

안토니오 예, 그가 그렇게 주장합니다.

포셔 당신은 그 계약을 인정합니까?

안토니오 인정합니다.

포셔 그렇다면 유대인은 자비를 베풀어야만 합니다.

샤일록 무엇이 나한테 그렇게 시키는 것이오? 내게 설명을 해 보시오.

포셔 자비란 강요되는 것이 아닙니다.
  그것은 마치 하늘에서 내리는 부드러운 비처럼
  아래에 있는 땅으로 떨어집니다. 그것은 두 배로 축복받습니다.
  자비를 베푸는 자와 받는 자 모두를 축복합니다.
  그것은 가장 강력한 자에게서 가장 강력하며,
  왕좌에 앉은 군주에게는 왕관보다 더 잘 어울립니다.
  왕이 드는 홀은 일시적인 권력의 힘을 보여 주고,
  경외감과 위엄의 상징이며,

따라서 왕에 대한 두려움과 공포가 깃들어 있지요.

하지만 자비는 왕이 든 홀의 지배보다 더 위에 있는 가치입니다.

그것은 왕들의 심장 속에 왕좌를 차지하고 있으며,

그것은 신 그 자체의 속성입니다.

그리고 지상의 권력은 자비가 정의에 덧붙여질 때

비로소 신의 권력과 가장 흡사해집니다.

그러므로, 유대인이여,

비록 정의가 당신의 청원일지라도, 이것을 생각하시오.

정의가 그대로 집행되는 과정에서는

우리 중 누구도 구원을 볼 수 없습니다. 우리는 자비를 구하고,

바로 그 기도는 우리 모두에게

자비의 행동을 베풀도록 가르칩니다. 제가 이렇게 길게 말하는 것은

당신의 청원이 담고 있는 정의의 주장을

완화시키기 위함이오. 그러나

당신이 그 정의를 그대로 따른다면, 이 엄격한 베니스의 법정은

저 상인에게 유죄 판결을 내릴 수밖에 없습니다.

샤일록 내 행동에 대한 책임은 내가 지겠소! 나는 법을 요구하오.
내 계약서에 명시된 벌칙과 몰수권을 요구하오.

포셔 상인은 그 돈을 갚을 능력이 없습니까?

바사니오 있습니다. 여기 제가 법정에서 그를 위해 돈을 내겠습니다.

그것으로 충분치 않다면, 두 배의 금액을 내겠습니다.

만약 그래도 부족하다면, 저의 손과 머리, 심장을 걸고

열 배를 갚겠다고 서약하겠습니다.

만약 이것으로도 부족하다면, 그것은 명백히

악의가 진실을 짓밟는 것입니다. 부디 당신의 권위로

한 번만 법에 예외를 둬 주십시오.

대의를 행하기 위해 작은 부정을 저질러,

이 잔혹한 악마의 뜻을 꺾어 주십시오.

포셔 그럴 수 없습니다. 베니스에는 어떤 권한도 없습니다.

이미 제정된 법령을 바꿀 수는 없습니다.

그것은 판례로 기록될 것이며,

그와 같은 선례로 인해 수많은 문제가

이 국가로 밀려들어 올 것입니다. 그럴 수 없습니다.

샤일록 다니엘*이 심판하러 오셨다! 오, 다니엘이시여!

오, 현명한 젊은 재판관이여, 내가 당신을 얼마나 공경하는지!

포셔 부탁하건대, 제가 그 증서를 한번 보게 해 주십시오.

---

* 구약 성경 다니엘서에 나오는 이스라엘의 예언자로, 지혜로운 판결을 내린 인물이다.

샤일록 여기요, 가장 존경받는 박사님, 여기 있습니다.

포셔 샤일록, 당신에게 당신 돈의 세 배가 제안되었습니다.

샤일록 맹세요, 맹세! 나는 하늘에 맹세했소.
　　내 영혼에 위증죄를 짊어져야 합니까?
　　안 되오, 베니스 전체를 준다 해도 안 되오.

포셔 음, 이 증서는 몰수에 관계된 것이오.
　　그리고 유대인은 이 증서에 의해 합법적으로 요구할 수 있소.
　　상인의 심장 가장 가까운 곳에서 살 1파운드를,
　　그가 베어 낼 수 있소. 부디 자비를 베푸시오,
　　세 배의 돈을 받고, 내게 증서를 찢으라고 하시오.

샤일록 증서의 취지대로 이행될 때 그렇게 하겠소.
　　당신은 훌륭한 재판관으로 보입니다.
　　당신은 법을 알고 있으며, 당신의 해석은
　　지극히 정당했소.
　　법에 의거하여 당신에게 요구합니다.
　　당신은 그 법의 든든한 기둥 같은 존재이니
　　법에 따라 판결을 진행해 주십시오.
　　내 영혼을 걸고 맹세하건대,

인간의 어떤 말에도 나의 결심은
안 바뀝니다. 나는 여기 내 증서만 따를 것이오.

안토니오 법정에 진심으로 간청합니다.
  판결을 내려 주십시오.

포셔 그렇다면, 이렇습니다.
  당신은 그의 칼을 받기 위해 가슴을 내주어야 합니다.

샤일록 오 고귀한 재판관이여! 오 뛰어난 젊은이여!

포셔 왜냐하면 법의 의도와 목적이
  이 계약서에 따라 당연히 치러야 할 벌칙과
  완전히 연관되어 있기 때문이오.

샤일록 지당한 말씀이오. 오, 현명하고 올바른 재판관이여,
  당신은 겉모습보다 얼마나 연륜이 깊은 분이십니까!

포셔 그러니 가슴을 드러내시오.

샤일록 예, 그의 가슴이오.
  고귀한 재판관이시여, 증서에 그렇게 되어 있지 않습니까?

"그의 심장 가장 가까운 곳"이라고요, 바로 그 단어들입니다.

포셔 그렇소. 여기 그 살덩이를 달 저울이 있습니까?

샤일록 준비되어 있습니다.

포셔 샤일록, 당신의 비용으로 외과 의사를 준비시켜
　　그의 상처를 막아 피를 흘리다 죽지 않게 하시오.

샤일록 그것이 증서에 명시되어 있습니까?

포셔 명시되어 있지는 않소. 하지만 그게 무슨 상관이오?
　　자비를 위해 그 정도는 하는 것이 좋지 않겠소.

샤일록 찾을 수 없소. 그런 내용은 증서에 없소.

포셔 상인, 당신은 할 말이 있습니까?

안토니오 별로 없습니다. 저는 잘 준비되어 있습니다.
　　바사니오, 내 손 좀 잡아 줘. 잘 있게.
　　자네 때문에 내가 이렇게 되었다고 슬퍼하지 말게.
　　왜냐하면 지금 이건 운명의 여신이 평소보다 더 친절한 것이거든.

보통 운명의 여신은 재산을 다 잃고 오래 살아남아,

쭈글쭈글한 이마와 공허한 눈으로

빈곤의 노년을 보내는 불행을 주곤 하지.

다행히 나에게는 그 길고 고통스러운 비참함을 벗어나게

해 주었으니 말이야.

자네의 영광스러운 아내에게 나를 칭찬해 주게.

그녀에게 안토니오의 최후를 말해 주고,

내가 자네를 얼마나 사랑했는지 말해 주게.

죽음에 임한 날 좋게 말해 줘.

그리고 이야기가 끝날 때, 그녀에게 심판해 달라고 하게.

자네에게 진정한 친구가 한 번은 있었다는 것을.

자네는 다만 친구를 잃은 것을 후회하겠지만,

나는 자네의 빚을 갚은 걸 후회하지 않을 거라네.

저 유대인이 깊숙이만 잘라 낸다면,

나는 내 온 마음으로 즉시 갚을 것이야.

바사니오 안토니오, 나는 내 생명만큼이나 소중한

아내와 결혼했어.

하지만 내 생명과 내 아내, 그리고 온 세상 모든 게

자네의 생명보다 소중하게 여겨지지 않네.

나는 이 모든 것을 바칠 거야.

그 모든 것을 희생해서라도 여기 이 악마에게서

자네를 구할 거야.

포셔 당신의 아내가 만약 옆에서 그 제안을 들었다면,
　　당신에게 고마워하진 않았을 것이오.

그라티아노 맹세컨대 내 아내를 누구보다 사랑하오!
　　하지만 솔직히 말하면, 지금은 차라리
　　그녀가 천국에 가 있는 게 더 낫겠소.
　　그래야 천사들 앞에서 이 악질 샤일록을 좀 말려 달라고
　　부탁할 수 있을 테니까!

네리사 당신이 그녀가 없는 곳에서 그런 제안을 하니 다행이오.
　　그 소망은 자칫 가정의 불화를 초래했을 테니 말이오.

샤일록 이것이 바로 기독교도 남편들의 모습이오!
　　나에게는 딸이 있는데
　　차라리 바라바*의 후손 중 누군가가
　　그 애의 남편이 되었으면 좋겠군.
　　기독교도보다는 말이오!
　　우리는 시간을 낭비하고 있소. 제발, 판결을 진행해 주시오.

---

* 신약 성경에 나오는 인물. 빌라도가 예수를 재판할 때, 예수 대신 석방된 살인강도이다.

포셔 저 상인의 살 1파운드는 당신의 것이오.

　법정이 그것을 판결했고 법이 그것을 부여하오.

샤일록 가장 올바른 재판관이십니다!

포셔 그리고 당신은 이 살을 그의 가슴에서 잘라 내야 하오.

　법이 그것을 허용했고 법정이 그것을 판결하오.

샤일록 가장 박식한 재판관이시여! 판결이 났다! 자, 준비하시오.

포셔 잠깐만 기다리시오. 다른 것이 있소.

　이 증서는 당신에게 피는 한 방울도 주지 않습니다.

　단어들은 명확하게 '살 1파운드'라고 되어 있소.

　그러니 당신은 증서대로, 당신이 가질 살 1파운드를 가져가시오.

　하지만 그것을 잘라 내는 동안, 만약 당신이

　기독교도의 피 한 방울이라도 흘리게 한다면,

　당신의 토지와 재산은 베니스의 법에 의해 몰수될 것이며,

　베니스 국가에 귀속될 것이오.

그라티아노 오, 공정한 재판관이시여! 새겨들어라, 유대인. 오, 박식한

　재판관이시여!

샤일록 그것이 법이오?

포셔 직접 보게 될 것이오.
　당신이 정의를 요구했으니,
　당신은 당신이 바란 것 이상으로 정의를 맛보게 될 것이오.

그라티아노 오, 공정한 재판관이시여! 새겨들어라, 유대인. 박식한 재
　판관이시다!

샤일록 그렇다면 저는 그 제안을 받겠소. 갚을 돈의 세 배를 받고
　기독교도를 놓아주겠소.

바사니오 여기 돈이 있습니다.

포셔 잠깐! 유대인은 온전한 정의를 얻을 것이오.
　잠깐, 잠깐만요! 서두르지 마시오!
　그는 벌칙 외에 아무것도 가질 수 없소.

그라티아노 오, 유대인이여, 공정한 재판관이시다, 박식한 재판관이
　시다!

포셔 그러니 살을 잘라 낼 준비를 하시오.

피는 한 방울도 흘리면 안 되고 덜도 말고 더도 말고
오직 정확히 살 1파운드만 잘라야 하오. 만약 당신이
정확한 1파운드보다 많거나 적게 잘라
그것이 무게상 조금이라도 가볍거나 무겁다면,
심지어 그 차이가 스크루풀*의 20분의 1이나,
저울이 겨우 머리카락 하나 무게만큼 틀어지기만 해도,
당신은 죽게 될 것이며, 당신의 모든 재산은 몰수될 것이오.

그라티아노 제2의 다니엘이시오, 다니엘이 왔소, 유대인!
　이제, 이교도여, 당신을 궁지에 몰아넣었군.

포셔 유대인, 왜 주저하고 있소? 어서 몰수품을 베어 가시오.

샤일록 내 원금이나 주고, 나를 가게 하시오.

바사니오 그건 내가 자네를 위해 준비해 놓았네. 여기 있다.

포셔 그는 공개 법정에서 그것을 거부했소.
　그는 오직 정의와 증서만 가질 것이오.

---

* 스크루풀(scruple)은 약 1.3그램에 해당하는 옛 무게의 단위.

그라티아노 역시 다니엘이십니다, 제2의 다니엘이시여!
　유대인아, 나에게 다니엘의 존재를 가르쳐 준 것에 감사한다.

샤일록 원금만이라도 가질 수 없단 말이오?

포셔 당신은 몰수품 외에는 아무것도 가질 수 없소.
　유대인이여, 당신이 위험을 감수하고 그것을 가져간다면요.

샤일록 이런, 그건 악마나 실컷 누리라지!
　나는 더 이상 심문에 응하지 않겠소.

포셔 잠시만요, 유대인이여.
　법은 당신에게 또 다른 족쇄를 채울 수 있소.
　베니스의 법에 규정되어 있기를,
　만약 외국인이 직접적으로든 간접적으로든
　어떤 시민의 목숨을 노렸다면
　그런 계략을 꾸민 당사자는
　그의 재산 절반을 압류하며, 나머지 절반은
　국가의 비밀 금고로 귀속되고,
　그리고 범죄자의 생명은
　다른 누구의 목소리에도 상관없이 오직 공작의 자비에 달려 있소.
　나는 당신이 바로 그 곤경에 처해 있다고 말하오.

명백한 절차에 의해 드러났듯이,

간접적으로, 그리고 직접적으로도

당신은 피고인의 바로 그 목숨을 해치려 계략을 꾸몄소.

그리고 당신은 내가 앞서 언급했던 위험을 자초했소.

그러니 꿇어앉아, 공작에게 자비를 구하시오.

그라티아노 스스로 목을 매달 수 있도록 허락해 달라고 간청하라.

하지만 당신의 재산은 국가에 몰수되었으니,

밧줄 한 가닥 값도 남아 있지 않겠군.

그러니 당신은 국가의 비용으로 교수형을 당해야 한다.

공작 당신이 우리 기독교도의 정신이 당신네와 다름을 알도록,

당신이 구걸하기 전에 당신의 생명을 사면하겠소.

당신 재산의 절반은 안토니오의 것이오.

나머지 절반은 일반 국가 재산으로 귀속되지만,

겸손함을 보이면 벌금으로 대체할 수도 있소.

포셔 예, 국가의 몫은 가능합니다. 안토니오의 몫은 대체가 안 되고요.

샤일록 아니요, 내 생명과 모든 것을 가져가시오, 사면이고 뭐고.

당신들이 내 집을 지탱하는 지주를 가져갈 때,

당신들은 내 집을 가져가는 것이며,

내가 살아가는 수단을 가져갈 때,

내 생명을 가져가는 것이오.

포셔 안토니오, 당신은 그에게 어떤 자비를 베풀 수 있습니까?

그라티아노 맹세컨대, 교수형 밧줄을 공짜로 주는 것 외에는 없소!

안토니오 공작 전하와 모든 법정이 허락하신다면,

그의 재산 절반에 대해서는 벌금을 면제해 주시는 것에,

저는 동의하겠습니다. 다만 나머지 절반은 당분간

제가 사용하게 해 주시고, 그가 사망하면 최근

그의 딸을 데려간 신사에게 넘기도록 하겠습니다.

그리고 두 가지 조건이 더 있습니다.

하나는 그가 즉시 기독교인이 되는 것,

다른 하나는 법정에서 그가 사망 시 소유한 모든 재산을

그의 사위 로렌초와 딸에게 증여한다는 기록을 남기는 것입니다.

공작 유대인은 이 조건들을 이행해야 하네.

그렇지 않으면 내가 방금 선언한 사면을 철회할 것이다.

포셔 유대인이여, 당신은 만족하시오? 뭐라고 말하겠소?

샤일록 만족합니다.

포셔 서기, 증여 증서를 작성하시오.

샤일록 여기서 떠나게 해 주시기를 간청합니다.
　몸이 좋지 않군요. 증서를 보내 주시면
　서명하겠습니다.

공작 가거라, 하지만 서명은 이행해야 한다.

그라티아노 딸아이가 세례를 받을 때 너는 대부가 두 명일 것이다.
　내가 재판관이었다면 대부를 열 명은 더 붙였을 텐데,
　세례가 아니라 교수대로 끌고 가도록 말이야.

[샤일록 퇴장]

공작 재판관 선생, 우리 집 저녁 식사에 초대하겠네.

포셔 공작님께 삼가 용서를 구합니다. 저는 오늘 밤 파도바로 가야 하
　니 지금 당장 출발해야 합니다.

공작 시간이 없다니 유감이군. 안토니오, 이 신사분께 보답하게. 내

생각에 그대는 이분께 큰 빚을 진 것 같네.

[공작과 수행원들 퇴장]

바사니오 가장 고귀하신 신사분이시여,

저와 제 친구는 당신의 지혜 덕분에

오늘 무거운 처벌에서 벗어났습니다. 그 대가로,

유대인에게 지불해야 했던 3천 다카트를

당신의 수고에 대한 보답으로 기꺼이 드리고자 합니다.

안토니오 게다가 우리는 사랑과 봉사로 당신께 언제까지나 빚을 지게

되었군요.

포셔 만족한 사람은 이미 보상을 잘 받은 사람입니다.

제가 당신을 구해 드렸고, 저는 만족하니,

그것으로 제 자신이 충분히 보상받았다고 여깁니다.

저는 결코 돈을 바라고 일한 적이 없습니다.

다시 만나게 되면 저를 알아봐 주시길 바라요.

행운을 빕니다. 그럼 이만 물러가겠습니다.

바사니오 선생님, 부디 좀 더 잡아야겠군요.

기념품으로 이걸 받아 주십시오.

보수가 아니라 감사의 표시입니다. 두 가지만 허락해 주세요.
거절하지 마시고 또 저를 용서해 주십시오.

포셔 당신이 간청하니, 내가 양보하겠소.
(안토니오에게) 장갑을 주시오,
당신을 생각하며 내가 그것을 착용하겠소.
(바사니오에게) 그리고, 당신 우정의 보답으로는
그 반지를 당신에게서 받겠소.
손을 뒤로 빼지 마시오. 반지만 받을 거요.
우정으로 받고자 하는 것이니, 거절하지 마시고요.

바사니오 이 반지 말씀이십니까, 선생님?
아아, 이것은 하찮은 것입니다.
이것을 당신께 드리는 건 부끄러운 일이죠.

포셔 저는 그것 외에는 아무것도 갖지 않겠소.
이제는 그 반지가 정말 마음에 드는군요.

바사니오 이것은 값 이상의 가치를 가진 물건이에요.
베니스에서 가장 비싼 반지를 당신께 드리겠습니다.
공고를 내서라도 제일 비싼 반지를 찾아내겠습니다.
제발 이 반지만은 포기해 주세요.

포셔 보아하니, 당신은 제안하는 데는 후하시군요.

　처음엔 제게 구걸을 가르치고, 이제는

　구걸하는 사람에게 어떻게 대답해야 하는지 가르치고 있소.

바사니오 선생님, 이 반지는 제 아내가 준 것입니다.

　그리고 그녀는 내게 그것을 끼워 줄 때

　그것을 팔지도, 주지도, 잃어버리지도 않겠다고 맹세하게 했어요.

포셔 그런 변명으로 많은 남자들이 선물 주는 걸 아끼지요.

　그리고 만약 당신 아내가 정신이 멀쩡하고

　내가 얼마만큼 이 반지를 받을 자격이 있는지 안다면,

　나에게 그것을 줬다고 해서 오래도록 원망하지는 않을 것이오.

　그럼, 평안히 계시오!

[포셔와 네리사 퇴장]

안토니오 바사니오 공, 그에게 반지를 주지그래.

　그의 공로와 내 사랑을 합치면

　그 가치가 자네 아내의 명령보다 더 높지 않겠나.

바사니오 가라, 그라티아노, 달려가서 그를 따라잡아.

　그에게 반지를 주고, 가능하다면 그를 안토니오의 집으로 데려오게. 가게, 서둘러!

[그라티아노 퇴장]

자, 자네와 나는 그리로 지금 바로 가세.
그리고 내일 아침 일찍 우리 둘은
벨몬트를 향해 날아갈 것이야. 자, 안토니오.

[모두 퇴장]

2장

___

베니스. 거리.

포서와 네리사 등장.

포서 유대인의 집을 알아내서, 그에게 이 증서를 주고
거기에 서명하게 하라. 우리는 오늘 밤 떠날 것이고,
남편들이 오기 하루 전 집에 도착할 것이다.
로렌초에게는 정말 환영할 만한 증서일 것이야.

그라티아노 등장.

그라티아노 아름다운 선생님이시여, 당신을 잘 따라잡았군요.
바사니오 공께서 좀 더 숙고하신 후, 이 반지를 당신께 보냈으며,
저녁 식사에 당신을 초대했습니다.

포서 초대에는 응할 수 없지만 그의 반지는 감사히 받겠습니다.
그에게 그렇게 전해 주시오. 그리고, 부탁하건대,

나의 시종에게 늙은 샤일록의 집을 알려 주시오.

그라티아노 그렇게 하겠습니다.

네리사 선생님, 드릴 말씀이 있습니다.

(포셔에게 귓속말로)

저도 남편의 반지를 얻어 낼 수 있는지 보겠어요.

남편에게 영원히 간직하겠다고 맹세하도록 했던 반지요.

포셔 (네리사에게) 분명 나중에 자기들이 반지를 준 건 남자였다고

별의별 맹세를 다 하게 될 거야.

하지만 우리도 더 뻔뻔하게 더 강하게 맹세하자.

가! 서둘러! 내가 어디서 머물지 알고 있지?

네리사 자, 선생님, 샤일록의 집에 저를 좀 데려다주시오.

[모두 퇴장]

5막

1장

벨몬트. 포셔의 저택으로 가는 길.

로렌초와 제시카 등장.

로렌초 달이 밝게 빛나는구려. 바로 이런 밤이었지.

달콤한 바람이 부드럽게 나무에게 입 맞추고,

나무는 그저 소리 없이 서 있던, 바로 이런 밤에 말이지.

아마도 트로일러스는 트로이 성벽에 올라,

그날 밤 크레시다가 누워 있는

그리스 진영을 향해 영혼의 한숨을 내쉬었을 것이야.[*]

제시카 바로 이런 밤에

티스베[**]는 두려움에 떨며 이슬 위를 건너갔고,

사자 자신보다 먼저 사자의 그림자를 보고,

[*] 트로일러스와 크레시다는 세익스피어의 희곡에 등장하는 트로이 전쟁의 비극적 연인.
[**] 고대 로마의 시인 오비디우스의 〈변신 이야기〉에 나오는 비극적 연인.

놀라 도망쳤지요.

로렌초 바로 이런 밤에

디도*는 손에 버드나무 가지를 들고

거친 바닷가에 서서, 자신의 사랑이

카르타고로 다시 돌아오기를 손짓했지.

제시카 바로 이런 밤에

메데이아**는 마법의 약초를 모았고

그것은 늙은 아이손을 젊게 만들었지요.

로렌초 바로 이런 밤에

제시카는 부유한 유대인의 집에서 도망쳐 나왔고,

그리고 무모한 사랑과 함께 베니스에서 도망쳐

벨몬트까지 왔지.

제시카 바로 이런 밤에

젊은 로렌초는 그녀를 깊이 사랑한다고 맹세했지만,

* 그리스 신화에 나오는 페니키아의 여왕. 카르타고를 건설하였다고 하며, 트로이의 영웅 아이네이아스를 사랑했으나, 그가 떠나자 절망 끝에 자살하였다고 한다.
** 그리스 신화에 나오는 콜키스 왕의 딸로, 노인을 회춘시키는 마법을 지녔다. 연인 이아손의 아버지 아이손을 회춘시킨다.

수많은 약속으로 그녀의 마음을 훔쳤지만,

하나도 진실된 건 없었지요.

로렌초 바로 이런 밤에

예쁜 제시카는, 잔소리꾼 소녀처럼,

자신의 연인을 헐뜯었지만, 그는 그녀를 용서해 주었지.

제시카 아무도 오지 않았다면 계속해서

'바로 이런 밤에'의 이야기를 이어 갔을 텐데.

하지만, 들어 봐요. 누군가의 발소리가 들려요.

스테파노 등장.

로렌초 이 고요한 밤에 누가 그리 빨리 오는가?

스테파노 친구입니다.

로렌초 친구라고? 어떤 친구인가? 친구여, 이름을 말해 주시오.

스테파노 스테파노가 제 이름입니다.

저는 주인마님께서 날이 밝기 전에

벨몬트에 도착하실 거라는 소식을 전하러 왔습니다.

그녀는 성스러운 십자가상 근처에서 무릎 꿇고
행복한 결혼 생활을 위해 기도하고 계십니다.

로렌초 누가 그녀와 함께 오는가?

스테파노 성스러운 은둔자 한 분과 하녀 외에는 아무도 없습니다.
실례지만, 저희 주인님께서는 아직 안 돌아오셨습니까?

로렌초 아직 안 돌아왔고, 소식도 듣지 못했네.
하지만, 제시카여, 우리 안으로 들어가
정식으로 준비하고
이 집의 안주인을 환영합시다.

란슬롯 등장.

란슬롯 워이! 빰빰빰! 이리오오. 워이! 워이!

로렌초 누가 부르는가?

란슬롯 워이! 로렌초 주인님 못 보셨습니까? 로렌초 주인님요! 워이!
워이!

로렌초 이봐, 고함치는 것을 멈춰. 여기야!

란슬롯 워이! 어디, 어디요?

로렌초 여기라고!

란슬롯 그에게 전해 주십시오. 바사니오 주인님이 보내온 전령이
좋은 소식으로 가득 찬 뿔피리를 가지고 왔다고요.
바사니오 주인님은 아침 전에 여기로 오실 것입니다.

[퇴장]

로렌초 사랑스러운 그대여,
안으로 들어가서 그들이 오기를 기다립시다.
그런데, 아니지, 상관없지. 왜 우리가 들어가야 하지?
내 친구 스테파노! 부탁하건대, 안에
당신의 주인마님이 가까이 왔음을 알리고,
악사들을 밖으로 데려와라.

[스테파노 퇴장]

둔덕 위에 달콤하게 잠든 달빛이 정말 아름답구나!

여기 앉아서 음악 소리가 우리 귀로 스며들게 합시다.

부드러운 고요함과 이 밤이

음악과 감동스러운 조화를 이루는구려.

앉으시오, 제시카. 하늘 바닥이

밝은 황금 접시들로 박혀 있는 것을 보시오.

당신이 보고 있는 가장 작은 별조차도

끊임없이 움직이며 노래한다오.

어린 눈의 케루빔*에게 합창을 하죠.

불멸의 영혼 속에는 그러한 조화가 있지만,

이 썩어 없어질 진흙 옷이 둔하게 감싸고 있는

우리는, 그것을 들을 수 없소.

악사들 등장.

자, 이리 오오! 찬가로 디아나를 깨우시오.

가장 달콤한 연주로 주인마님의 귀를 활짝 열어,

음악으로 그녀를 집으로 이끄시오.

[음악이 연주된다.]

* 그리스도교에서 두 번째로 높은 계급의 천사. 보통 '아기 천사'의 모습으로 묘사된다.

제시카 저는 달콤한 음악을 들으면 즐거움이 사라져요.

로렌초 그 이유는 당신의 영혼이 집중하고 있기 때문이오.
  거칠고 제멋대로인 무리나
  길들여지지 않은 젊은 망아지 떼를 봐 봐요.
  그들이 미친 듯이 날뛰고, 큰 소리로 울어 대는 것은
  그들의 뜨거운 피가 시키는 본능이오.
  하지만 그들이 우연히 나팔 소리를 듣거나,
  어떤 음악의 가락이라도 그들 귀에 닿는다면,
  그들은 일제히 멈춰 서고,
  그들의 야만적인 눈빛은 음악의 달콤한 힘에 의해
  온순한 시선으로 바뀌게 되죠. 그래서 시인들은 오르페우스*가
  나무, 돌, 강물까지도 움직였다고 노래한 것이오.
  그 어떤 것도 음악이 잠시나마 그 성질을 변화시키지 못할 만큼
  무감각하고, 단단하며, 분노로 가득 차 있지는 않기 때문이오.
  자신 안에 음악이 없는 사람,
  혹은 달콤한 소리의 조화에 감동하지 않는 사람은
  반역자거나, 계략자, 혹은 약탈자가 아닐까 하오.
  그 사람의 영혼의 움직임은 밤처럼 칙칙하고,

* 그리스 신화에 나오는 트라키아의 시인이자 전설적인 음악가.

그 사람의 감정은 에레보스*처럼 어두우니,

그런 사람은 절대 믿지 마오. 자, 음악에 귀 기울여 봐요.

포셔와 네리사 등장.

포셔 저기 보이는 불빛은 우리 집에서 나오는 것이로군.

저 작은 촛불이 얼마나 멀리까지 빛을 던지는가!

마찬가지로 악한 세상에서는 선행도 저렇게 빛나는 법이지.

네리사 달이 빛나고 있을 때는 우리가 저 촛불을 보지 못했지요.

포셔 그래. 큰 영광은 작은 것을 흐리게 하지.

왕의 대리인은 왕처럼 빛나지만,

왕이 가까이 오면 그의 위엄도 저절로 비워진단다.

마치 내륙의 시냇물이 큰 바다로 흘러 들어가듯 말이야.

음악이 들린다! 들어 봐!

네리사 아씨, 저 음악은 아씨의 악사들이 연주하는 거예요.

포셔 역시, 상황과 조건은 어떤 것을 더 좋게 만들어 주는구나.

* 그리스 신화에 나오는 어둠의 신.

낮에 들을 때보다 훨씬 감미롭게 들리는 것 같아.

네리사 네, 밤의 고요함이 그 미덕을 부여하는 것이지요.

포셔 아무도 귀 기울이지 않을 때는
　까마귀도 종달새만큼이나 감미롭게 노래할 것이고,
　나이팅게일도, 만약 모든 거위들이 꽥꽥거리는
　낮 동안에 노래한다면
　굴뚝새보다 더 나은 음악가로 여겨지지 않을 거야.
　얼마나 많은 것들이 때가 되어야 제맛이 나는지,
　제때가 되면 진정한 완벽에 도달하고
　마땅히 받아야 할 찬사를 받지.
　조용! 엔디미온*과 잠든 저 달이
　깨어나고 싶어 하지 않아 보여!

[음악이 멈춘다.]

로렌초 저것은 틀림없이
　내가 크게 착각한 것이 아니라면, 포셔 아씨의 목소리요.

---

* 그리스 신화에서 달은 디아나 여신을 의미하고, 엔디미온은 디아나가 사랑한 목동을 의미한다.

포셔 그는 나를, 맹인이 뻐꾸기를 그 시끄러운 목소리로 알아차리듯
　알아봤구나. 내 나쁜 목소리 때문에 말이야.

로렌초 존경하는 아씨, 돌아오신 걸 환영합니다.

포셔 우리는 남편들의 안녕을 위해 기도하고 왔어.
　우리의 기도로 일이 더 잘 풀리기를 바랐지.
　다들 돌아오셨나요?

로렌초 아직이요, 아씨.
　하지만 전령 한 명이 먼저 와서
　곧 도착한다고 알렸습니다.

포셔 들어가자, 네리사.
　하인들에게 명령하여,
　남편들이 오면 우리가 여기 없었다는 것을
　말하지 않도록 해 줘.
　로렌초와 제시카도 마찬가지야.

[나팔 소리가 울린다.]

로렌초 아씨의 남편이 가까이에 왔습니다. 그분의 나팔 소리가 들려요.

저희는 비밀 잘 지킬 테니 염려 마십시오.

포셔 이 밤은 내 생각에 약간 시들한 낮처럼 느껴진다.

좀 더 창백한 밤이랄까.

태양이 숨겨졌을 때의 낮과 같은 밤이네.

바사니오, 안토니오, 그라티아노, 그리고 그들의 수행원들 등장.

바사니오 우리는 밤에도 낮을 보오.

태양 없는 밤에 당신이 걸어 다닌다면 말이오.

포셔 나는 빛을 주지만, 가벼운 여자가 되지는 않겠어요.*

왜냐하면 가벼운 아내는 남편의 마음을 무겁게 만들기 때문이지요.

바사니오 당신이 나 때문에 그렇게 되는 일은 결코 없을 것입니다.

하지만 모든 것은 신께서 결정하실 일! 돌아오신 걸 환영합니다,

나의 주인이여.

바사니오 고마워요, 부인. 내 친구도 환영해 주시오.

이 사람이 바로 그 안토니오요,

* 원문의 단어 'light'가 '빛'과 '가볍다'는 뜻을 동시에 가지고 있어 단어로 언어유희를 하고
있다.

내가 무한히 빚지고 있는 사람.

포셔 친구분이 당신을 위해 큰 빚을 졌다 했으니
　당신 또한 친구분에게 무한히 빚을 진 게 당연하죠.

안토니오 빚은 이미 갚은 것이나 다름없소.

포셔 안토니오 님, 저희 집에 오신 것을 진심으로 환영합니다.
　환영은 말로만 하면 안 되니,
　예의상의 인사는 그만할게요.

그라티아노 (네리사에게) 저 달에 맹세코 당신은 나를 오해하고 있소.
　맹세컨대, 나는 그것을 재판관의 서기에게 주었소.
　그놈이 차라리 거세당했으면 좋겠어요,
　당신이 그것을 그렇게나 마음에 담아 둘지 몰랐다오.

포셔 아니 벌써 싸우고 있다니! 무슨 일이에요?

그라티아노 금 고리 하나, 즉 하찮은 반지 때문이랍니다.
　네리사가 제게 준 반지인데, 그 반지에는
　마치 칼 만드는 대장장이들이 칼에 새기는 흔한 글귀처럼
　이렇게 써 있었죠. "나를 사랑하고, 나를 떠나지 마요."

네리사 반지의 문구나 가치에 대해 무슨 말이 그래요?

　내가 당신에게 그것을 주었을 때 당신은 내게 맹세했잖아요.

　죽는 순간까지 그것을 끼고 있겠다고,

　자신의 무덤까지 가져가겠다더니.

　나 때문이 아니라도, 당신이 한 그 격렬한 맹세 때문에라도,

　당신은 조심했어야 했어요, 그것을 간직했어야 했다고요.

　그것을 재판관의 서기에게 주다니! 절대 그럴 리 없어. 신이시여,

　그것을 받은 그 서기는 얼굴에 수염도 아직 안 낫겠지.

그라티아노 자라서 성인이 되면 털이 날 거요.

네리사 네, 여자가 자라서 남자가 된다면 말이죠.

그라티아노 아이고, 이 손에 맹세코, 나는 그것을 젊은 남자에게 주었소.

　아니, 소년, 작고 초라한 소년이었다고요.

　당신보다도 크지 않은, 재판관의 서기였소.

　그것을 수고비로 달라고 떠들어 대는 소년이었다고요.

　마음에 걸려 그에게 거절할 수가 없었다오.

포셔 그라티아노, 솔직히 말하자면 비난받아 마땅하군요.

　아내가 처음 준 선물을 그토록 가볍게 버리다니요.

　맹세로 당신의 손가락에 끼고,

신뢰로 당신의 살에 단단히 박힌 것을 말입니다.

나도 내 사랑에게 반지를 주고, 절대 잃지 않겠다고 맹세 시켰는데,

바로 여기 서 있네요, 그 사람이.

나는 그가 그것을 절대 버리지 않았을 거라고 감히 맹세합니다.

세상의 모든 재화를 다 준다 해도 손가락에서 빼지 않았을 거예요.

정말이지, 그라티아노,

당신은 아내에게 잔인한 슬픔을 주었군요.

만약 내게 일어난 일이라면 나 또한 엄청 화가 났을 것입니다.

바사니오 (혼잣말) 아, 차라리 내 왼손을 잘라 버리는 게 낫겠군.

반지를 지키려다가 잃어버렸다고 말하는 게 낫겠어.

그라티아노 바사니오는 재판관에게 자신의 반지를 줘 버렸습니다.

재판관이 그것을 간청했죠. 사실 그것을 받을 자격도 충분했습니다.

그리고 나서 그의 소년 서기가,

글을 쓰는 데 수고했던 그 서기가 제 반지를 간청했습니다.

그리고 재판관도 서기도 어떤 것도 받으려 하지 않았습니다.

오직 우리 두 사람의 반지 말고는요.

포셔 나의 주인이시여, 당신 무슨 반지를 줬나요?

내게서 받은 그 반지는 아니겠지요?

바사니오 만약 실수 위에 거짓말을 덧붙일 수 있다면,

부인했겠지만, 내 손가락을 보시오.

반지가 없다는 것을 알 거요. 사라졌습니다.

포셔 오, 손가락이 비어 있군요.

당신의 마음에 진실이 비어 있는 것처럼.

하늘에 맹세코, 나는 당신 곁에 눕지 않겠어요.

그 반지를 보기 전까지는요.

네리사 저 역시 마찬가지예요, 당신 곁에 눕지 않을 거예요!

내 반지를 다시 보기 전까지는!

바사니오 사랑스러운 포셔,

내가 반지를 누구에게 주었는지 안다면,

반지를 누구를 위해 주었는지 안다면,

반지를 무엇 때문에 주었는지 이해한다면,

그리고 오직 반지 외에는 아무것도 받으려 하지 않았으니,

내가 얼마나 마지못해 주었는지 이해한다면,

당신의 노여움이 누그러질 텐데.

포셔 당신이 그 반지의 의미를 안다면,

반지를 준 여인의 가치를 절반이라도 안다면,

그 반지를 간직해야 할 당신의 명예를 안다면,
당신은 그 반지를 주지 않았을 것입니다.
세상에 어떤 남자가 그리 부당합니까?
당신이 열성적으로 설명하며 반지를 지키려 했다면,
서약으로 간주되는 그런 물건을 그토록 강하게 요구할 염치가 있
었겠어요?
네리사 말이 믿을 만하군요.
맹세컨대, 그 반지는 어떤 여자가 가졌을 겁니다!

바사니오 아니요, 여보, 내 명예를 걸고, 내 영혼을 걸고 맹세하겠소.
어떤 여자도 그것을 갖지 않았소. 오직 재판관이 받았소.
그는 내가 주겠다는 3천 다카트를 거절했고,
반지를 간청했소. 내가 거절했고,
그가 불쾌해하며 떠나도록 내버려두었소.
그러나 내 소중한 친구의 생명을 구해 준 분이었죠.
내가 무슨 말을 해야겠소, 여보,
나는 재판관을 뒤쫓아가 반지를 보낼 수밖에 없었소.
체면과 염치 때문에 꼼짝할 수 없었어요.
내 명예가 그처럼 배은망덕함으로 더럽혀지는 것을
차마 용납할 수 없었소.
부디 너그러이 용서해 주시오, 여보.
이 밤의 성스러운 촛불에 맹세하건대,

만약 당신이 그곳에 있었다면, 당신이 그 훌륭한 재판관에게
반지를 주라고 내게 간청했을 거라고 생각하오.

포셔 그렇다면 그 재판관이 절대 우리 집 가까이 오지 못하게 하세요.
그는 내가 사랑했던 보석을 가졌고,
당신이 나를 위해 지키겠다고 맹세했던 것을 가졌으니.
나도 당신만큼 후해져야겠어요.
나는 그에게 내가 가진 어떤 것도 거절하지 않을 것입니다.
네, 내 몸도, 내 남편의 침대도 거절하지 않을 것입니다.
나는 그를 알게 될 거라고 확신해요.
하룻밤도 집을 비우지 마세요. 아르고스*처럼 나를 지켜보세요.
만약 그러지 않고, 내가 홀로 남겨진다면,
아직 나의 것인 내 명예에 맹세코,
나는 그 재판관을 내 침실의 동반자로 삼을 거예요.

네리사 나도 그 서기를 받아들이겠어요. 그러니 신중하게 생각해요.
당신이 나를 혼자 두는 것이 어떤 의미인지 말이에요.

그라티아노 좋소, 당신 뜻대로 하시오.
하지만 내 손에 그를 잡히게 하지 말아요.

* 그리스 신화에 나오는 100개의 눈을 가진 감시자.

그 어린 서기의 펜대를 망가뜨려 버릴 것이니.

안토니오 제가 이 싸움의 불행한 원인이군요!

포셔 손님, 슬퍼하지 마십시오. 어쨌든 환영합니다.

바사니오 포셔, 강요받아 저지른 잘못이니 용서해 주오.
　이 많은 친구들이 듣는 앞에서
　내가 담긴 당신의 그 아름다운 눈에 맹세하겠소.

포셔 저 말을 주목하세요!
　그는 나의 두 눈 속에서 자신을 봅니다.
　각각의 눈 속에 하나씩이니 당신이 둘이군요. 그럼 두 배로 맹세해요.
　그러면 믿을 만한 맹세가 될 것입니다.

바사니오 여보, 내 말을 들어 주오.
　이 실수를 용서해 주어요. 내 영혼을 걸고 맹세합니다.
　나는 다시는 당신과의 맹세를 깨뜨리지 않을 것입니다.

안토니오 한때 바사니오의 안녕을 위해 내 몸을 걸고 돈을 빌려줬고,
　만약 남편의 반지를 가져간 그분이 없었다면
　일은 완전히 틀어졌을 것이오. 제가 다시 한번 보증을 서겠습니다.

제 영혼을 담보로 하여, 바사니오는

두 번 다시는 고의적으로 신의를 저버리지 않을 것입니다.

포셔 그렇다면 당신이 그의 보증인이 되십시오. 그에게 이것을 주고,

이전 반지보다 더 잘 간직하라고 해 줘요.

안토니오 여기, 바사니오 경, 이 반지를 간직하겠다고 맹세하게.

바사니오 하늘에 맹세코, 이 반지는 내가 그 재판관에게 준 반지인걸!

포셔 내가 그에게서 받았어요. 용서하세요, 여보.

이 반지를 주면서, 그 재판관은 나와 함께 잤어요.

네리사 그리고 저도 용서해 주세요, 나의 상냥한 그라티아노.

바로 그 초라한 소년, 재판관의 서기가,

이 반지를 주는 대신, 어젯밤 나와 함께 잤답니다.

그라티아노 이건 여름에 멀쩡한 도로를 또 닦는 격이지.

이미 누군가 지나간 길에 우리가 또 지나간다고?

남편이 아무 잘못도 안 했는데 아내가 벌써 바람을 피운단 말인가?

포셔 그런 야한 말은 하지 마세요. 모두들 깜짝 놀랐군요.

여기 편지가 있습니다. 천천히 읽어 보세요.

그것은 파도바의 벨라리오에게서 온 것입니다.

그 편지에는 포셔가 바로 그 재판관이었고,

네리사는 서기였다는 사실이 적혀 있을 것입니다.

로렌초가 여기에서 내가 당신들이 떠나자마자 출발했고,

방금 막 돌아왔음을 증언해 줄 것입니다. 저는 아직

집에도 못 들어갔어요. 안토니오, 환영합니다.

저는 당신이 예상하는 것보다 더 좋은 소식을 가지고 있어요.

이 편지를 곧 열어 보시면 알겠지만,

그 안에는 당신의 무역선 세 척이 갑작스럽게 부자가 되어

항구로 돌아왔다는 사실이 적혀 있을 것입니다.

내가 어떤 기묘한 우연으로

이 편지를 얻게 되었는지는 알 필요 없고요.

안토니오 말문이 막히는군요.

바사니오 당신이 그 재판관이었는데, 내가 알아보지 못했다는 말이오?

그라티아노 당신이 나를 배신당한 남편으로 만들 뻔했던 그 서기였소?

네리사 네, 하지만 결코 그럴 의도가 없는 서기였지요.

그가 살아서 남자가 되지 않는 한은요.

바사니오 사랑스러운 재판관이여, 당신을 내 침실 동반자로 삼겠소.
　내가 없을 때는 내 아내와 함께 자도록 하시오.

안토니오 사랑스러운 부인, 당신은 저에게 생명과 재산을 주셨습니다.
　편지를 읽으니 확실히 제 배들은 안전하게 닻을 내렸어요.

포셔 자, 로렌초!
　나의 서기한테 로렌초에게 줄 좋은 위안거리가 좀 있다네.

네리사 네, 아무 수고비 없이 그에게 주겠어요.
　여기, 당신과 제시카에게 드립니다.
　부유한 유대인으로부터 온 특별한 증여 문서입니다.
　그의 사후에, 그가 소유했던 모든 재산을 당신들에게
　준다는 증여 문서입니다.

로렌초 아름다운 여인들이여, 당신들은 굶주린 사람들의 길에
　만나*를 뿌려 주시는군요.

포셔 이제 거의 아침이 되었지만,

* 모세가 이스라엘 백성들을 이끌고 이집트를 탈출해 가나안 땅으로 가던 중, 여호와가 하늘에서 내려 준 기적의 음식.

저는 당신들이 이 사건의 전말에 대해

완전히 다 이해했을 거라 생각 안 해요. 우리 안으로 들어갑시다.

안에서 저희에게 심문해도 됩니다.

그러면 저희가 모든 것에 성실하게 대답해 드릴 것입니다.

그라티아노 그렇게 합시다. 나의 네리사에게 심문할

첫 번째 질문은 이것이오.

그녀가 다음 날 밤까지 기다릴 것인지,

아니면 날이 밝기 두 시간 전인 지금 당장 침대로 갈 것인지 말이오.

하지만 날이 밝는다 해도, 나는

그 법률가의 서기와 함께 잠자리에 들 때까지

어둠이 지속되기를 바랄 것이오.

글쎄요, 내가 살아 있는 동안에,

네리사의 반지*를 안전하게 지키는 것보다 두려워할 일은 없을 것
이오.

* 반지는 네리사의 성기에 대한 은유이다.

1564년　잉글랜드 중부 스트랫퍼드어폰에이번에서, 아버지 존 셰익스피어와 어머니 메리 아든 사이에서 장남으로 태어나다. 4월 26일에 유아세례를 받다.

1582년　여덟 살 연상의 앤 하사웨이와 결혼하다.

1583년　맏딸 수자나를 보다.

1585년　쌍둥이 남매, 아들 햄닛과 딸 쥬디스를 보다.

1590년　3부작 〈헨리 6세〉를 집필하다.

1594년　궁내 대신 소속의 로드 챔벌린 극단의 주주가 되다. 시 〈비너스와 아도니스〉와 〈루크리스의 능욕〉을 출판하다. 희극 〈사랑의 헛수고〉와 〈베로나의 두 신사〉를, 비극 〈로미오와 줄리엣〉을 집필하다.

1595년　〈리처드 2세〉, 〈한여름 밤의 꿈〉을 집필하다.

1596년　〈베니스의 상인〉, 〈존 왕〉을 집필하다.

1598년　〈헨리 5세〉, 희극 〈헛소동〉을 집필하다.

1599년　〈십이야〉, 〈줄리어스 시저〉를 집필하다.

1600년　〈햄릿〉, 〈윈저의 즐거운 아낙네〉를 집필하다.

1601년　아버지 존 셰익스피어가 사망하다.

1603년　〈햄릿〉의 첫 상연을 하다.

1605년　〈오셀로〉, 〈리어 왕〉, 〈맥베스〉를 집필하다.

1608년　어머니 메리 아든이 사망하다.

1610년　런던에서 고향 스트랫퍼드어폰에이번으로 돌아오다. 〈겨울 이야기〉를 집필하다.

1611년　〈폭풍우〉를 집필하다.

1616년　4월 23일, 스트랫퍼드어폰에이번에서 생을 마감하다.

베니스의 상인

초판 1쇄 인쇄 2025년 12월 8일
초판 1쇄 발행 2025년 12월 15일

지은이 윌리엄 셰익스피어
옮긴이 최유경
펴낸이 이효원
편집인 노현주
디자인 이용석(표지), 이수정(본문)
펴낸곳 올리버
출판등록 제395-2022-000125호
주소 경기도 고양시 덕양구 삼송로 222, 101동 305호(삼송동, 현대혜리엇)
전화 070-8279-7311   **팩스** 02-6008-0834
전자우편 tcbook@naver.com

ISBN 979-11-94381-71-6 (04080)
   979-11-89550-89-9 (세트)